KB192644

자폐아동을 위한

마음이해 향상 프로그램

박현옥 저

학지사

자폐아동을 위한
마음이해 향상 프로그램

머리말

'자폐아동'과 '다른 사람의 마음이해'라는 연구주제로 10여 년이 넘는 시간 동안 꾸준히 연구할 수 있었던 것은 연구자로서 큰 즐거움이었다. 이 주제로 연구를 시작하면서 흥분되고 설레었던 마음을 지금까지 유지할 수 있었던 이유는 관련 주제에 대한 이론적 탐식 때문이라기보다 교육현장에서 10여 년간 여러 자폐아동들을 만나고 가르치면서 느꼈던 한계를 '마음이해 향상 프로그램'을 적용하면서 다소나마 해결할 수 있었기 때문이다.

관련 주제로 연구를 하고 프로그램을 개발하는 동안 여러 좋은 선행연구가 기반이 되었다. 그럼에도 이 프로그램을 개발하여 책으로 출판하려 한 것은 다음과 같은 생각 때문이었다. 먼저 외국에서 개발되어 국내에 소개된 프로그램의 경우 학교나 유치원 또는 가정과 같이 우리 아이들이 배우고 생활하는 자연스러운 환경이 고려되지 못했고 결과적으로 교사나 부모가 직접 가르치는 데 많은 어려움이 따른다는 점 때문이었다. 또한 습득한 내용을 실제 생활 속에서 일반화시키는 데도 많은 어려움이 있을 것이라는 우려 때문이었다. 따라서 마음이해 향상을 위한 다양한 교수 목표를 자연스러운 활동으로 소개하여 교실 내에서 교사 또는 또래들과 상호작용하면서 습득할 수 있는 프로그램으로 개발할 필요가 있다는 생각을 하게 되었다.

이 책은 크게 3개의 장으로 구성되었다. 제1장은 자폐아동을 위한 마음이해 향상 프로그램의 필요성과 프로그램의 개발원리, 적용 방법 등을 소개하였다. 제2장은 자폐아동의 정서이해 능력을 촉진하기 위한 정서이해 향상 프로그램 36개로 구성되었으며, 제3장은 다른 사람의 정보적 상태, 즉 믿음을 이해할 수 있는 능력을 촉진하기 위한 믿음이해 향상 프로그램 36개로 구성되었다. 각각의 활동에는 분류 번호를 부여하였으며, 활동명, 활동 단계, 활동의 목표, 교수자료, 활동 과정 및 방법, 확대 활동의 예 등과 같은 요소를 포함하고 있다.

'마음이해 향상 프로그램'은 활동 진행 방법이나 교재 및 집단의 크기 등 아동이 포함된 교육적 상황이나 아동의 특성을 고려하여 적절히 수정, 보완하여 사용할 수 있다. 특별히 이 프로그램은 현재 진행 중인 유치원 교육과정이나 초등학교 교육과정의 목표와 내용 속에 적절히 적용하여 교수할 경우 보다 바람직한 교수 효과를 얻을 수 있을 것이다. 각 활동은 활동 내용에 대한 설명, 시범 보이기, 활동 중에 일어나는 다양한 상황과 등장인물들에 대한 심리적 상태의 설명, 역할놀이를 통한 연습 및 피드백의 제공과 활동 마치기 등과 같은 과정으로 진행될 수 있다.

오래전 프로그램을 개발하여 효과 검증을 마치고도 바로 책으로 출판하지 못한 게으름이 못내 아쉽지만 이제라도 책으로 세상에 나오게 된 것을 다행스럽게 생각한다. 그동안 자폐아동의 마음이해라는 주제로 특강을 하면서 만났던 현장 전문가들이나, 자폐성 장애 수업에 참여하였던 제자들에게 곧 책으로 출판하게 될 것이라던 약속을 이제야 지키게 되었다. 출판에 앞서 원고를 정리하면서 중재 효과 검증을 위한 활동에 참여하였던 아이들과 부모님, 그리고 장소를 허락하였던 여러 기관의 선생님들께 다시 한 번 감사의 마음을 전하고 싶다.

끝으로 이 책의 출간을 허락한 학지사의 김진환 사장님과 편집을 맡아 수고해 주신 이세희 차장님, 그리고 학지사 관계자 여러분께 감사의 마음을 드린다.

2011년 8월
백석대학교 교정에서
박현옥

차례

Part 01 마음이해 향상 프로그램의 이해

Part 02 정서이해 교수 프로그램

Part 03 믿음이해 교수 프로그램

Part 01

마음이해 향상 프로그램의 이해

part 01

1. 서론

DSM-IV(APA, 1994)와 ICD-10(WHO, 1993)을 비롯한 대부분의 진단 규준에서는 사회성에서의 질적 결함과 의사소통에서의 결함을 자폐아동의 주요 결함으로 제시하였다. 이와 같은 전통적인 진단 규준 외에도 자폐아동은 보다 어린 시기에 진단될 수 있으며, 이는 어린 아동들이 다른 사람과 관심을 공유하는지 여부와 상징놀이 및 모방행동, 다른 사람의 고통을 비롯한 정서적 반응에 공감하는 행위 등을 통하여 알 수 있다(Baron-Cohen, Allen, & Gillberg, 1992). 이러한 초기 진단 과정에서 중요하게 다루는 요소 중의 하나는 다른 사람에 대한 인식과 이해 여부다.

다른 사람에 대한 인식과 이해는 '마음이해 또는 마음이론'이라는 이론적 집합체로 널리 소개되면서 일반 유아의 발달 과정과 관련된 연구를 통하여 관련 영역들에서 그 중요성이 강조되고 있다(Wellman, 1990). 마음이해란 다른 사람의 마음에 대한 모든 지식을 의미하는 것으로 아주 어린 유아들이 무엇인가를 하기 위하여 어머니의 얼굴을 쳐다보는 것을 비롯하여 다른 사람의 믿음이나 바람, 의도 등과 같이 직접적으로 관찰할 수 없는 정신적 상태를 추론하고, 이러한 추론에 의하여 다른 사람의 행동을 설명하고 예측하도록 하는 일련의 정신적 추론 기제다(Baron-Cohen, 1999; Flavell & Miller, 1998; Howlin, Baron-Cohen, & Hadwin, 1999; Wellman, 1990).

마음이해 연구는 자폐아동의 연구를 통하여 발달적 가치와 중요성이 더욱 부각되었다. 즉, 일반 유아들의 발달 과정에서 마음이해는 유아기 발달 과정을 통해 매우 자연스럽게 습득되는 자연 선택의 일부다. 그러나 자폐아동의 경우 이와 같은 다른 사람에 대한 이해 능력에서 현저한 결함을 나타냈으며, 이러한 결함은 이들의 전반적인 발달 수준에 비해 보다 낮은 수행을 보이고 있다는 점에서 자폐인의 핵심적인 결함의 한 요소로 지적되었다. 특별히 그동안 자폐아동의 주요 결함으로 알려진 사회성이나 의사소통 능력에서의 결함을 비롯한 장애요인의 상당 부분이 다른 사람에 대한 인식이나 이해 능력의 결함과 관련된 것으로 지적되었다(박현옥, 2008; 박현옥, 이소현, 2001a; 방명애, 2000; Swettenham, 1996). 다시 말해서 마음이해의 발달적 가치는 그 자체로도 중요하지만 사회성이나 의사소통을 비롯한 많은 발달 영역과 높은 상관이 있으며 상호 영향을 주고받을 수 있다는 점에서 그 중요성이 보다 강조되고 있다. 또한 일반 유아들의 연구에서는 다른 사람들과 시선이나 관심을 공유하는 것과 같은 마음이해의 전조의 발달적 중요성에 대한 인식이 거의 이루어지지 않았으나, 자폐아동의 행동적 특성을 이해하고 진단하는 과정에서 그와 같은 행위들이 갖는 다양한 사회적 역할들이 알려지게 되었다.

이상과 같이 마음이해 연구들이 자폐아동을 대상으로 시작되면서 더욱 많은 이론적 발달을 이루게 된 이유는 일반 유아들은 자연스러운 발달 과정을 통하여 마음이해를 자연스럽게 습득하는 반면 자폐아동들의 경우는 마음이해의 여러 요소들에서 어려움을 보이기 때문인 것으로 해석된다. 그동안 자폐아동을 대상으로 한 마음이해 연구는 이들의 결함적 특성을 밝히기 위한 것(박현옥, 2001a; 박현옥, 이소현, 2001a; Phillips, Baron-Cohen, & Rutter, 1998)과 이들의 결함을 보완하기 위한 중재 연구(박현옥, 이소현, 2010; Bowler & Strom, 1998; Ozonoff & Miller, 1995)를 중심으로 진행되어 왔다.

마음이해 능력은 국내에서 '마음이론' 혹은 '생각의 원리'로 번역되어 소개되고 있다. 한편, 최근에는 마음이론이라는 용어가 주는 모호성을 인식하고 '다른 사람의 마음 읽기, 생각 읽기 혹은 마음 이해하기(mind reading, understanding other minds)' 등의 용어가 같이 사용되고 있다.

2. 자폐아동과 마음이해 능력

마음이해는 사람들의 일상적인 심리적 활동에 대한 이해를 포함하는 것으로 일반적으로 믿음(belief), 바람(desire), 행위(action)라는 삼각 구조로 설명된다(Wellman, 1990). 이러한 삼각 구조의 일상적인 예는 다음과 같다.

혜원이는 수영장에 간다(행위).
왜냐하면 혜원이는 수영을 하고 싶었고(바람)
그곳에 가면 수영을 할 수 있을 것이라고 생각했기 때문이다(믿음).

 즉, 사람들은 무엇인가 원하는 것을 만족시키기 위하여 행동을 한다. 이러한 '믿음-바람-행위'라고 하는 기본적인 틀에 작용하는 여러 가지 관련 요소들이 있다. 예를 들어, 바람의 근원이 되는 선호(그가 좋아하는 것), 믿음의 근원이 되는 지각적 경험(그는 그런 것을 봤었다) 혹은 생리적 상태(배가 고파서, 더워서), 믿음과 바람과 지각의 결과에 대한 정서적 반응(실망하다, 화나다, 즐겁다) 등과 같은 관련된 다양한 구조들이 믿음-바람-행위라는 삼각 구조와 함께 작용한다. 〈표 1-1〉은 일상생활 속에서 흔히 나타날 수 있는 구체적인 예시다.

〈표 1-1〉 믿음-바람 추론 구조 및 관련 요소의 예시

관련 요소	일상생활 속에서의 예
행위	혜수는 피자 가게로 간다.
생리적 상태	혜수는 배가 고팠고
바람	피자가 먹고 싶었으며
선호도와 지각적 경험	그 가게에서 자기가 좋아하는 감자피자(선호)를 먹었고(지각적 경험)
믿음	그 가게에 가면 맛있는 피자를 먹을 수 있을 것으로 생각했다.
정서적 반응	그러나 가게 문이 닫혔기 때문에 혜수는 몹시 실망하고 속상해했다.

 이와 같은 일상적인 심리적 과정인 믿음-바람 추론 구조에서 자폐아동들이 보이는 문제는 다음과 같이 세 가지로 요약될 수 있다(Dawson, Meltzoff, Osterling, & Rinaldi, 1997).

 첫째, 믿음-바람 추론 구조를 통하여 다른 사람의 행위를 예측하지 못한다.
 둘째, 다른 사람의 행동을 심리적 상태로 묘사하고 설명하는 부분에서 어려움을 보인다.
 셋째, 믿음-바람 심리 구조를 이용하여 다른 사람의 정서적 반응을 예측하는 데 상당한 어려움을 보인다.

　　믿음-바람 추론 구조를 통하여 다른 사람의 행위를 예측하는 능력을 측정하기 위하여 사용되는 연구방법들은 대부분 일련의 시나리오를 제시한 후 이야기 주인공의 믿음과 바람을 이해하고 이를 통하여 주인공의 행위를 추론하는 과정을 포함한다. 이와 관련된 연구로 가장 대표적인 것은 Baron-Cohen 등(1985)이 사용하였던 샐리앤 과제(Sally-Ann Task)다. 이 과제에서 대부분의 자폐아동들이 틀린 믿음 과제를 수행하지 못하였다. Harris와 그의 동료들(Harris, Johnson, Hutton, Andrews, & Cooke, 1989)은 자폐아동들이 틀린 믿음 과제뿐 아니라 틀린 바람 과제에서도 낮은 수행을 보였다고 하였다. 이와 더불어 Dawson 등(1997)은 다른 사람이 좋아할 수 있고 그 사람에게 적절할 것 같은 선물을 고르는 과제인 개념적 조망 수용 과제 수행에서도 자폐아동들은 낮은 수행을 보였다고 하였다. 이러한 연구들은 자폐아동들이 믿음-바람 추론을 통하여 다른 사람의 행위를 예측하는 능력이 낮다는 점을 지적한다. 또한 자폐아동들은 다른 사람의 행동을 심리적 상태로 묘사하고 설명하는 과제에서도 낮은 수행을 보임으로써 믿음-바람 심리 추론 능력의 결함을 나타낸다(박현옥, 이소현, 2001b). Tager-Flusberg(1992)의 연구에서는 자폐아동들이 일반 아동이나 정신지체 아동에 비하여 심리적 상태에 관련한 표현어휘를 적게 사용하였다. 이를 통하여 자폐아동들이 믿음-바람 추론 구조에 대한 이해 능력에 결함이 있음을 알 수 있다. 마지막으로 믿음-바람 추론 구조를 이용하여 다른 사람의 정서적 반응을 예측하는 데 어려움을 보인다. 즉, 자폐아동들은 다른 사람의 정서적 표현을 이해하고 이에 관심을 기울이는 능력이 부족하며(Hobson & Lee, 1989; Weeks & Hobson, 1987), 행위자의 의도나 바람, 믿음 등을 정서에 영향을 미치는 중요한 원인으로 이해하는 능력에 결함을 보인다(Baron-Cohen, 1991).

　　이상에서 살펴본 바와 같이 그동안 자폐의 주요 특성으로 알려진 사회성과 의사소통에서의 결함의 상당 부분은 대인인지, 즉 자아개념과 다른 사람에 대한 개념이나 인식을 포함하는 사회인지 영역에서의 결함과 관련된 것으로 이해될 수 있다.

3. 자폐아동을 위한 마음이해 향상 프로그램의 필요성

　　자폐아동들은 다른 사람의 바람이나 믿음을 이해하고 그에 근거하여 다른 사람의 정서적 반응이나 행동을 추론하는 능력에서 결함을 보인다. 그러나 체계적인 중재 프로그램을 적용하여 중재를 실시한 결과 자폐아동의 사회적 인지 능력이 향상되었으며, 이를 통하여 자폐아동들의 결함적 특성이 어느 정도 보완될 수 있는 것으로 나타났다(박현옥, 이소현, 2010; Baron-Cohen, 1999). 자폐아동을 위한 마음이해 향상 프로그램은 다음과 같은 점에서 그 필요성이 제기되고 있다.

1) 다른 사람의 사회적 행동의 의미를 이해하는 능력이 향상될 수 있다

다른 사람들의 사회적 행동의 의미를 이해하는 것은 다른 사람의 심리적 상태, 즉 다른 사람의 바람이나 믿음을 이해하고, 그에 근거하여 행동을 설명하고, 다음에 할 행동을 예측하는 것을 의미한다. 그동안 자폐아동을 대상으로 마음이해를 적용한 중재를 실시한 후 그 효과를 검증하였던 연구들에서는 대부분 긍정적인 중재 효과를 보고하고 있다(Leslie & Thaiss, 1992; McGregor, Watson, & Blackburn, 1998; Peterson & Siegal, 1998; Swettenham, 2000).

그러나 이와 같이 긍정적인 중재 효과에도 불구하고 선행연구들은 대부분 중재를 실시하지 않았던 다른 과제에 대하여 일반화가 되지 않았거나, 이야기 주인공의 심리적 상태를 충분히 이해하지 못하고 표면적인 부분에서만 이해되었을 가능성들을 제시함으로써 제한적인 중재 효과를 보고하였다. 일반적으로 마음이해 과제를 성공적으로 수행했다는 것은 그 과제 내의 심리적 상태를 추론했을 것이라는 가정을 하게 한다. 그러나 이러한 가정과는 달리 중재 연구에 참여하였던 연구 대상자들이 과제 수행에 필요한 심리적 상태에 관련한 규칙을 습득하지 않았을 가능성도 있다는 것이다. 예를 들어, 자폐아동의 틀린 믿음에 관한 초기 연구인 Baron-Cohen 등(1985)의 연구에서 자폐아동들에게 샐리 앤 과제를 반복적으로 제시하였을 경우 다른 사람의 틀린 믿음에 대하여 이해하지 못하였으나, 틀린 믿음의 결과를 이야기할 수 있었다(Baron-Cohen, Leslie, & Frith, 1986). 즉, 과제에 대한 적절한 추론을 하지 않은 채 시나리오 x에 대하여 언제나 y로 대답을 하게 된다는 것이다. 또한 여러 연구에서 자폐아동이 한 가지 마음이해 과제를 통과한 경우라도 다른 과제로 일반화시키지 못한다는 것을 지적하고 있다(McGregor et al., 1998; Swettenham, 1996). 이러한 결과는 자폐아동이 다른 사람의 심리적 상태에 대한 기본적인 이해를 습득하지 못하였기 때문인 것으로 논의되었다.

2) 다른 사람들과의 상호적 의사소통 능력을 향상시키고 전반적인 언어 능력을 촉진한다

마음이해 능력과 전반적인 언어 능력 간에는 높은 상관관계가 있는 것으로 밝혀지고 있다(박현옥, 2008; Cutting & Dunn, 1999; Jenkins & Astington, 2000). Astington과 Jenkins(1995)는 학령 전 아동의 전반적인 언어 능력과 틀린 믿음 과제 수행 능력 간에 높은 상관이 있다고 하였다. 또한 틀린 믿음 과제를 수행하는 능력은 이야기 이해 능력과 관련이 있다고 하였다(Astington & Jenkins, 1995; de Villers & de Villers, 1999; Lewis, Freeman, Hagestadt, & Douglas, 1994). 그리고 평균발화길이(MLU)와 심리적 상태에 관련된 어휘 능력 등은 마음이해 능력과 보다 직접적인 상관관계가 있는 것으로 나타났다(이정원, 이소현, 2002; Dunn, Brown, Slomkowski, & Youngblade, 1991; Jenkins & Astington, 1993; Tager-Flusberg, 2000). 이에 따라 마음이해를 적용한 중재 프로그램은 자폐아동의 사회적 의사소통 능력을 향상시키고 전반적인 언어 능력에 긍정적인 영향을 줄 수 있을 것으로 해석된다.

3) 다양한 사회적 상황 속에서 다른 사람들과의 사회적 상호작용을 촉진한다

일상생활 중에 사회적 상호작용 능력이 좋고 정서적으로 성숙하다는 것은 생각이라는 것이 어떻게 작용하는지를 알고 다른 사람에 대한 이해가 풍부하다는 것을 의미한다. 어린 아동들이 다른 사람들의 틀린 믿음을 이해하고 그에 따라 다른 사람의 행동을 예측하고 설명할 수 있는 능력을 갖고 있는지의 여부는 다른 사람의 이해 여부에 대한 중요한 이정표다. 또한 다른 사람의 감정을 이해하고 인식하는 기술은 감정이입이나 친사회적 행동의 발달에 매우 중요하다(Zahn-Waxler, Robinson, & Emde, 1992). 이와 같이 자신과 다른 사람의 믿음을 표상할 수 있는 능력의 발달은 아동의 사회적 상호작용에 중요한 영향을 미친다(Denham, Mcklinley, Couchoud, & Holt, 1990; Moore, 1996).

지금까지 살펴본 바와 같이 마음이해 향상 프로그램은 자폐아동의 주요 결함적 요소를 보완하고 이와 관련된 영역들의 발달을 촉진할 수 있다. 이에 따라 마음이해를 구성하는 다양한 요소들을 포함하고 각 요소들을 발달 단계에 따라 체계적으로 구성한 중재 프로그램의 필요성이 강조되고 있다. 따라서 믿음-바람 추론 구조를 이해하고 그와 관련된 정서적 반응이나 행위의 예측을 촉진할 수 있는 다양한 구성요소들을 중재할 수 있는 체계적인 프로그램의 필요성이 제기되었다. 또한 이러한 구성요소들은 아동들의 흥미와 교육과정을 고려하고 다양한 교수 환경에서 실제적으로 적용할 수 있는 실제적인 활동들로 구성하는 것이 교수 효과와 일반화를 촉진할 수 있다는 점에서 다양한 활동들을 중심으로 한 중재 프로그램(Bricker, Pretti-Frontczak, & McComas, 1998)이 제시되어야 한다. 그러므로 이 책에서는 마음이해 능력을 구성하는 믿음-바람 추론 구조의 다양한 요소들을 발달 단계에 따라 체계적으로 구성하되, 교수 효과와 일반화를 위해서 다양한 상황에서 활동 중심으로 구성된 '자폐성 장애 아동을 위한 마음이해 향상 프로그램'을 제시하였다.

4. 마음이해 향상 프로그램 개발 원리 및 절차

자폐성 장애 아동을 위한 마음이해 향상 프로그램은 다른 사람에 대한 이해 능력을 가장 잘 향상시킬 수 있는 활동들로 구성되었으며, 다음과 같은 절차를 통하여 개발되었고, 그에 관련된 상세한 내용은 다음과 같다.

1) 활동 선정 기준 작성

선행연구들에 근거하여 구성된 영역과 단계에 근거하여 그에 적합한 활동을 선정하였다. 선정하는 과정에서는 현장 조사와 관련 문헌 조사, 담당 교사들과의 협의를 거쳤다. 또한 아동들의 흥미를 고려하기 위하여 어린이 교실에 재원 중인 일반 아동 20명을 대상으로 실시한 선호도를 참고하였다. 좋아하는 음식과 좋아하는 놀이, 가고 싶은 곳 그리고 싫어하는 음식과 싫어하는 놀이, 가고 싶지 않은 곳 등에 대한 조사를 실시하였으며 이에 근거하여 활동과 교재를 선정하였다. 그와 더불어 자폐아동을 대상으로 중재를 실시하는 과정에서 대상 아동들의 선호도를 고려하여 활동과 활동 내용들을 수정하였다. 이 단계에서 적용된 활동 선정 기준은 〈표 1-2〉와 같다.

〈표 1-2〉 및 관련 내용

마음이해 능력 촉진	이 교수 프로그램의 주요 목적인 '자폐성 장애 아동의 마음이해 능력을 향상' 시킬 수 있는 활동들로 구성하였다.
발달 단계 및 흥미도 고려	발달 단계에 적합하고 아동들의 관심이나 흥미에 적합한 활동으로 구성하였다. 이에 따라 네 단계로 단계별 구성을 하였으며 아동들의 선호도 조사를 통하여 구성하였다.
교수 현장에서의 적용가능성	현재 교육 현장에서 나름대로 실시되고 있는 활동들을 근거로 이와 같은 활동들을 보다 포괄적이고 다각적으로 제시함으로써 교육 현장에서 쉽게 적용할 수 있는 활동들을 구성하였다. 또한 현장교사들의 의견을 참고로 활동을 구성하였으며 활동 방법이나 내용을 조절하였다.
가정과 실제 생활에서의 적용 가능성	가정을 비롯하여 아동들이 경험하고 접하게 되는 다양한 사회적 상황에서 일어날 수 있는 활동과 사건들에 쉽게 적용할 수 있는 활동들로 구성하였다. 이는 부모들의 의견을 참고로 활동을 구성하였으며 활동 방법이나 내용도 보다 실제적 적용이 가능한 것들로 구성하였다.

2) 활동 목록의 개발

국내외 문헌연구를 통하여 작성된 활동 선정 기준을 근거로 하여 1차적으로 활동의 목록을 개발하였다. 1차적으로 작성된 활동 목록은 특수교육 전문가 2인의 검증을 거쳐 최종적으로 확정하였으며 이후 연구를 진행하면서 부모와 교육전문가의 의견을 참고로 보완하였다. 활동 목록은 정서 영역과 믿음 영역의 두 개의 영역에서 각각 네 개 단계로 구성되었으며 각 단계에 포함된 활동의 수는 활동 선정 기준과 난이도에 따라 구성하는 과정에서 단계별로 다양하게 구성하였다.

3) 활동 수행을 위한 내용 및 사용자 지침 작성

선행연구들에 근거한 활동 수행을 위한 지침은 다음에 제시된 바와 같다(Bowler & Strom, 1998; Howlin, Baron-Cohen, & Hadwin, 1999; Hadwin, Baron-Cohen, & Hill, 1997).

- 다른 사람의 정서와 믿음에 대한 이해를 중심으로 한 마음이해 관련 개념들을 발달 단계에 따라 체계적으로 실시한다.
- 각 단계의 개념들은 보다 작은 단계로 세분화하여 복잡한 기술들이 점진적으로 습득될 수 있도록 한다.
- 다양한 활동을 통한 개념의 습득을 위하여 활동 중심의 자연스러운 교수활동 방법을 적용한다.
- 아동들의 관심과 흥미를 고려한 활동 및 교재를 사용한다.
- 중재 내용의 습득과 유지를 위하여 자연스러운 강화를 사용한다.
  칭찬과 같은 외적인 강화와 과제 자체가 지니는 내적인 강화, 과제를 성공적으로 수행하는 경우 느낄 수 있는 즐거움 등이 모두 중요하다는 점을 염두에 두고 자연스러운 강화를 실시한다.
- 과제 습득의 속도에 긍정적인 영향을 미칠 수 있도록 가능한 한 아동이 실수를 적게 하면서 과제를 수행할 수 있도록 촉진을 제공한다.
- 일반화 및 유지를 고려한 중재를 실시하며 이를 위하여 다양한 교수 방법(그림 자료, 글자 자료 및 구체물을 활용한 시범과 설명, 역할놀이나 게임을 통한 연습)을 적용한다.

4) 내용타당도 검증

특수교육 전문가 2인에게 내용타당도 검증을 의뢰하였으며, 특수교사 2인과 장애아동의 부모 1인에게 활동 내용의 실제적 활용도 및 현실성 등의 점검을 의뢰하였다. 이들의 검토 의견과 제안 사항은 충분한 논의를 통하여 활동의 수정이나 보완을 실시하였다.

5) 활동의 최종 목록 선정

1, 2, 3, 4단계를 통하여 진행된 결과를 기초로 '자폐성 장애 아동을 위한 마음이해 향상 프로그램'에 포함될 활동 목록을 선정하였다.

5. 마음이해 향상 프로그램의 목표

마음이해 향상 프로그램의 궁극적인 목표는 자폐적 성향을 지닌 아동들의 자신과 다른 사람에 대한 이해 능력을 촉진함으로써 다른 사람의 정서와 믿음을 이해하고, 그와 더불어 사회성 및 사회적 의사소통 능력의 발달을 증가시키는 것이다. 이에 관련한 보다 구체적인 내용은 다음과 같다.

1) 다른 사람에 대한 이해 능력의 습득

마음이해 향상 프로그램은 다른 사람의 심리적 상태, 즉 다른 사람의 바람이나 믿음을 이해하고 그에 근거하여 다른 사람의 행위와 정서적 반응을 예측하고 설명하는 능력을 촉진하는 것을 기본적인 목표로 한다(Baron-Cohen, 1999). 이러한 기본적인 목표를 습득하기 위하여 다른 사람과 자신의 기본적인 감정에 대한 인식을 할 수 있어야 하며 그러한 감정과 관련된 다양한 상황에 대한 이해를 촉진하도록 한다. 또한 사실과 일치하는 믿음이나 사실과 다른 틀린 믿음에 대한 이해, 다른 사람의 견해와 관점이 나와 다를 수 있다는 조망 수용에 대한 이해, 실제로는 사실이 아닌 것을 마치 사실인 것처럼 믿도록 하는 속임에 대한 이해, 다른 사람의 정서적 반응을 이해할 수 있는 감정이입 능력 등의 습득을 촉진하도록 한다(Brown & Dunn, 1996).

2) 자신에 대한 이해 능력의 습득

마음이해 향상 프로그램은 다른 사람에 대한 이해와 더불어 자신에 대한 이해 능력의 습득을 기본적인 목표로 하고 있다. 다른 사람과 분화된 존재로서의 자신에 대한 이해는 마음이해를 습득해 가는 기본적인 과정이다. 또한 자기를 이해하게 됨에 따라서 다른 사람에 대한 이해 능력을 촉진할 수 있다(박현옥, 2001b). 따라서 이 프로그램을 통하여 자신의 심리적 상태를 이해하고 자신의 정서의 근원을 이해하고 자신의 행동의 원인과 자신이 알고 있는 것의 근원을 인식하는 능력 등이 촉진될 수 있다(Hobson, 1993).

3) 사회적 의사소통 능력의 촉진

마음이해 능력의 습득은 다른 사람에 대한 이해 능력의 향상을 통하여 다른 사람
의 의사소통적인 의도를 추론할 수 있으며 비유적인 말, 즉 반어나 풍자, 은유, 유머
등에 대한 이해를 도울 수 있다(Howlin et al., 1999). 또한 비구어적인 의사소통의 의
미를 해석하는 능력을 촉진할 수 있다. 다른 사람이 자신이 의도한 바와 같은 메시지
를 이해하였는지를 모니터하고 필요한 경우 모호하게 받아들였다고 생각되는 부분
을 다시 말해 주는 것과 같이 듣는 사람을 배려하고 그들의 요구에 대한 이해를 촉진
하는 것을 목표로 한다. 이 외에도 보다 직접적으로는 심리적 상태에 관련한 표현 어
휘의 습득(Tager-Flusberg, 2000)과 평균발화길이(MLU)의 발달(Dunn et al., 1991)을 촉
진하는 것으로 제시되고 있다. 따라서 이와 같은 능력의 발달을 촉진하는 것을 목표
로 한다.

4) 사회적 기술 발달의 촉진

일상생활 속에서 사회적 상호작용 능력이 좋고 정서적으로 성숙하다는 것은 생각
이라는 것이 어떻게 작용하는지를 알고 다른 사람에 대한 이해가 풍부하다는 것을
의미한다. 특별히 어린 아동들이 다른 사람들의 틀린 믿음을 이해하고 그에 따라 다
른 사람의 행동을 예측하고 설명할 수 있는 능력을 갖고 있는지의 여부는 다른 사람
의 이해 여부에 대한 중요한 이정표가 되며 다른 사람의 감정을 이해하고 인식하는
기술은 감정이입이나 친사회적 행동의 발달에 매우 중요하다(Zahn-Waxler et al.,
1992). 이와 같이 자신과 다른 사람의 믿음을 표상할 수 있는 능력의 발달은 아동의
사회적 상호작용에 중요한 영향을 미친다(Denham et al., 1990; Moore, 1996). 따라서
마음이해 향상 프로그램을 통하여 다양한 사회적 상황 속에서 필요한 사회적 기술의
발달을 촉진하는 것을 목표로 한다.

6. 마음이해 향상 프로그램의 구성 및 내용

마음이해 향상 프로그램은 다른 사람의 생각과 마음에 대한 이해를 증진시키기 위한 목적으로 선행연구(박현옥, 2001a; 박현옥, 이소현, 2001a; Hadwin et al., 1997; Hobson, 1993; Wellman & Lagattuta, 2000)에 근거하여 구성하였다. 프로그램은 크게 제1부와 제2부로 구성되었으며, 제1부는 정서이해를 중심으로 한 활동으로 구성되었고, 제2부는 믿음이해를 중심으로 한 활동으로 구성되었다.

개발 원리 및 절차에서 제시한 바와 같은 단계를 거쳐 최종적으로 구성된 활동들은 다음과 같다.

제1부는 다음과 같은 4단계로 구성되었다.

- 1단계는 '단순한 얼굴 표정에 대한 인식'을 증가시키기 위한 활동들로 구성되었다 (Hobson, 1993).
- 2단계는 '상황에 근거한 감정을 이해하는 프로그램'으로 상황에 근거한 기쁨과 슬픔의 이해, 상황에 근거한 놀람과 무서움에 대한 이해 등의 내용으로 구성하였다 (Harris & Lipian, 1989; Stein & Levine, 1989).
- 3단계는 '바람에 근거한 감정의 이해'로 바람에 근거하여 바람이 이루어졌을 때의 감정과 바람이 이루어지지 않았을 때의 감정의 이해를 위한 내용들로 구성하였다 (Yuill, 1984).
- 4단계는 '믿음에 근거한 감정의 이해 프로그램'으로 다른 사람의 믿음을 이해하고 추론하며 이러한 믿음에 대한 감정을 이해하고 이후의 결과에 대한 감정을 이해하기 위한 내용으로 구성하였다(Hadwin & Perner, 1991).

이러한 단계들은 다른 사람의 감정에 대한 이해 능력들이 위의 네 가지 단계에 따라 발달적 과정을 거친다는 선행연구 결과(박현옥, 이소현, 2001a; Harris & Lipian, 1989; Wellman, 1990)에 근거하였다.

제2부의 믿음이해를 위한 프로그램도 4단계로 구성하였다.

- 1단계는 '다른 사람의 조망 수용에 대한 이해'를 증가시키기 위한 내용들로서 단순한 시각적 조망 수용과 복잡한 시각적 조망 수용 프로그램으로 구성하였다. 지각적 조망 수용 과제는 믿음이해를 위하여 가장 중요한 선행 과제이며 이와 관련된 능력은 2~4세 정도에 습득된다는 선행연구들에 근거하였다(Gopnik, Slaughter, & Meltzoff, 1994).
- 2단계는 '지각이 인식에 영향을 미친다.'는 것에 대한 이해를 증진시키기 위한 프로그램으로 다른 사람들의 지식은 보는 것이나 듣는 것과 같은 지각적인 활동을 통하여 알게 된다는 것에 관련한 내용들로 구성하였다. 지각이 인식에 영향을 미친다는 것에 대한 이해는 4세 정도에 습득된다(Pratt & Bryant, 1990).
- 3단계는 '다른 사람의 사실과 일치하는 믿음을 추론할 수 있고 이에 근거하여 다른 사람의 행위를 예측하는 능력을 증진시키기 위한 내용'으로 구성하였다(Wellman, 1990).
- 4단계는 '다른 사람의 사실과 다른 틀린 믿음을 추론하고 이에 근거하여 다른 사람의 행위를 예측하는 능력을 증진시키기 위한 내용'으로 구성하였다(Perner, Ruffman, & Leekman, 1994).

이상에서 살펴본 바와 같은 영역에 포함된 활동 목록들은 제1부와 제2부에 각각 36개의 활동들을 포함함으로써 총 72개의 활동으로 구성되었다. 각각의 활동들에는 분류번호를 부여하였으며 활동명, 활동 단계, 활동의 목표, 교수 자료, 활동 과정 및 방법, 확대 활동의 예 등과 같은 요소를 포함하고 있다. 각각의 요소들에 대한 설명은 〈표 1-3〉에 제시되었으며 전체 활동 목록은 〈표 1-4〉와 〈표 1-5〉에 제시하였다. 구체적인 활동 내용의 예는 [그림 1-1]에 제시된 바와 같다.

〈표 1-3〉 활동별 구성요소

구성요소	설명
분류번호 및 활동명	분류번호는 모든 활동에 부여된 활동 고유의 번호다. 분류번호는 모든 활동에 체계적으로 번호를 붙임으로써 사용할 때 편리하도록 도와주고 번호에 따라 활동의 난이도를 예측할 수 있는 기능을 다소 포함하고 있다. 예를 들어서 분류번호 Ⅰ-1-A-①의 경우, Ⅰ은 정서이해 영역을 의미하며 1은 정서 영역에서의 1단계를 의미한다. A는 동일한 단계 내에서 분리된 주제를 의미하며 ①은 동일한 단계에서의 첫 번째 활동을 의미한다.
주제	주제는 분류번호의 1에 포함되는 부분으로 그 활동이 포함되는 단계를 의미한다. 또한 특정 단계에서 다양한 하위 단계들로 분류되는 경우는 그 하위 단계들이 하나의 주제로 적용되었다.
활동 목표	활동 목표는 활동을 통하여 직접적이고 구체적으로 얻을 수 있는 목표의 예들이다. 활동들을 실행함으로써 각 영역별, 단계별로 자연스럽게 습득될 수 있는 목표들을 제시하였다.
교수 자료	교수 자료는 활동에 필요한 교재 및 교구들을 포함하는 말로서 집단의 특성 및 활동의 진행방식, 집단 크기에 따라 융통성 있게 응용하여 사용할 수 있다.
활동 과정 및 방법	활동 방법은 활동을 진행하기 위하여 필요한 기본적인 진행 방법에 대한 설명이다. 활동 과정 및 방법은 교수 자료에서 제시한 바와 같이 집단의 특성이나 연령, 통합 여부, 발달적 특성 등에 따라 융통성 있게 응용하고 수정하여 적용할 수 있다.
확대 활동의 예	이 프로그램에서 제시한 활동은 마음이해를 중재하기 위한 기본적인 예들이다. 따라서 이와 관련한 프로그램들을 다양하게 적용할 수 있는 예들을 제시하였다. 예를 들어, 교수 방법이나 교수 자료에 변화를 줌으로써 교수 효과를 강화하거나 심화 프로그램을 적용하는 활동들이다.

〈표 1-4〉 제1부 정서이해를 중심으로 한 프로그램

주제	분류번호	활동명
단계 1: 얼굴 표정의 이해	Ⅰ-1-①	어떤 표정일까요?
	Ⅰ-1-②	얼굴 표정 콜라주
	Ⅰ-1-③	여러 가지 얼굴 표정을 그림으로 표현해요
단계 2: 상황에 근거한 감정의 이해	Ⅰ-2-①	이럴 때는 행복해요(좋아요/즐거워요)
	Ⅰ-2-②	이럴 때는 슬퍼요
	Ⅰ-2-③	이럴 때는 화나요. 그리고 속상해요
	Ⅰ-2-④	이럴 때는 무서워요
	Ⅰ-2-⑤	내가 행복할 때

단계 2: 상황에 근거한 감정의 이해	I-2-⑥	우리 엄마와 아빠께서 기분 좋으실 때
	I-2-⑦	내가 슬플 때
	I-2-⑧	우리 엄마와 아빠께서 슬프실 때
	I-2-⑨	나는 이럴 때 화나요
	I-2-⑩	우리 엄마와 아빠께서는 이럴 때 화를 내시죠
	I-2-⑪	나는 이럴 때 무서웠어요
	I-2-⑫	친구들은 이럴 때 무서웠대요
	I-2-⑬	나의 친구들이 기쁠 때와 슬플 때
	I-2-⑭	이런 기분은……
단계 3: 바람에 근거한 감정의 이해	I-3-①	내가 좋아하는 음식/나는 이런 음식을 먹고 싶어요
	I-3-②	내가 갖고 싶은 장난감(내가 가고 싶은 놀이공원/ 내가 하고 싶은 놀이)
	I-3-③	오늘은 나의 생일 (1)
	I-3-④	내가 싫어하는 음식/나는 이런 음식을 싫어해요
	I-3-⑤	내가 선물로 받고 싶은 장난감이 아니었어요
	I-3-⑥	친구가 원하는 것을 알 수 있어요
	I-3-⑦	친구의 시선을 그릴 수 있어요
	I-3-⑧	새 자전거를 갖고 싶은 태민이
	I-3-⑨	친구의 느낌을 표현할 수 있어요
단계 4: 믿음에 근거한 감정의 이해	I-4-①	내 마음을 아는 우리 엄마
	I-4-②	내 마음을 아는 우리 아빠
	I-4-③	오늘은 나의 생일 (2)
	I-4-④	내 마음을 모르는 우리 엄마
	I-4-⑤	내 마음을 모르는 우리 아빠
	I-4-⑥	내 친구는 내 마음을 몰라요
	I-4-⑦	내 생각에 우리 엄마는……
	I-4-⑧	내 생각에 우리 아빠는……
	I-4-⑨	내 생각에 우리 할머니께서는……
	I-4-⑩	우리 엄마와 아빠는 내 마음을 몰라요
	I-4-⑪	햄버거가 먹고 싶은 준혁이
	I-4-⑫	놀이공원에 가고 싶은 혜원이

〈표 1-5〉 제2부 믿음이해를 중심으로 한 프로그램

주제	분류번호	활동명
단계 1: 시각적 조망 수용	II-1-①	선생님께서는 무엇을 보고 계실까요?
	II-1-②	선생님께는 어떻게 보일까요?
	II-1-③	식탁 꾸미기
	II-1-④	내 그림을 친구들에게 자랑해요
	II-1-⑤	우리 가족을 소개해요
	II-1-⑥	내가 선생님
단계 2: 경험을 통한 인식의 이해	II-2-①	무엇을 감추었을까요? (1)
	II-2-②	무엇을 감추었을까요? (2)
	II-2-③	친구는 무엇을 감추었는지 알 수 있을까요?
	II-2-④	어디에 감추었을까요?
	II-2-⑤	내 친구는 숨긴 물건을 찾을 수 있을까요?
	II-2-⑥	우리 가족은 내가 숨긴 물건을 찾을 수 있을까요?
단계 3: 실제 믿음의 이해	II-3-①	어디에 있는 장난감 자동차를 가지고 놀까?
	II-3-②	준혁이는 어디에 있는 블록을 가져올까?
	II-3-③	아빠는 어디에 있는 책을 보실까요?
	II-3-④	엄마는 어디에서 소금을 찾으실까요?
	II-3-⑤	혜원이는 어디에 있는 지우개를 사용할까?
	II-3-⑥	초콜릿을 먹어요
단계 4: 틀린 믿음의 이해	II-4-①	사과 모양의 양초
	II-4-②	수박 스펀지
	II-4-③	여러 가지 과일을 먹어요
	II-4-④	고래밥 상자
	II-4-⑤	버터링 쿠키
	II-4-⑥	내 블록 상자
	II-4-⑦	목욕탕에서
	II-4-⑧	학교에서
	II-4-⑨	내 초콜릿 상자
	II-4-⑩	아빠의 옷
	II-4-⑪	엄마의 구두
	II-4-⑫	할머니의 안경

	II-4-⑬	할아버지의 지팡이
단계 4: 틀린 믿음의 이해	II-4-⑭	준혁이의 장난감 자동차
	II-4-⑮	혜수와 세은이
	II-4-⑯	내가 꾸민 이야기 (1)-우리 가족
	II-4-⑰	내가 꾸민 이야기 (2)-내 친구
	II-4-⑱	이제 다른 사람의 마음이나 생각을 알 수 있어요

분류번호	II-1-③	활동명	식탁 꾸미기
주제	다른 사람의 시각적 조망 수용의 이해		
활동목표	1. 다른 사람의 입장에서 다른 사람에게는 어떻게 보이는지를 이해한다. 2. 실제 생활 속에서 다른 사람의 입장을 고려한 행동을 수행할 수 있다.		
교수 자료	장난감 그릇, 숟가락과 포크		
활동 과정 및 방법	1. 아동들에게 소꿉놀이를 하자고 제안한다. 2. 소꿉놀이를 하면서 식사를 차리는 활동을 시작한다. 3. 가족을 위한 식탁을 꾸민다. 4. 식탁에 네 명의 가족을 위한 숟가락과 포크를 준비하도록 한다. 5. 아동과 반대편에 있는 자리의 가족을 위하여 숟가락과 포크를 어떻게 놓아야 하는지를 설명하고 시범을 보인다. 6. 아동에게 자신과 같은 쪽에 있는 가족의 숟가락과 포크를 준비하고 반대편에 있는 자리의 가족의 숟가락과 포크를 준비하도록 한다. 7. 한 아동이 활동을 수행하면 다른 아동들도 차례로 활동을 수행하도록 한다. 8. 역할놀이를 통하여 활동을 연습한다. 8-1. 각 아동들이 역할을 정하도록 한다(어머니, 아버지, 나, 동생). 8-2. 교사의 시범과 촉진에 따라 역할놀이를 한다. 8-3. 상황과 역할을 바꾸어 가며 역할놀이를 한다. 9. 활동을 정리한다.		
확대 활동	1. 나처럼 해 봐요 2. 어떤 모습을 그릴까요?		

[그림 1-1] 활동 내용의 예

7. 마음이해 향상 프로그램의 적용 방법

'마음이해 향상 프로그램'은 활동 진행 방법이나 교재 및 집단의 크기 등 아동이 포함된 교육적 상황이나 아동의 특성을 고려하여 적절히 수정, 보완하여 사용할 수 있다. 특별히 이 프로그램은 현재 진행 중인 유치원 교육과정이나 초등학교 교육과정의 목표와 내용 속에 적절히 적용하여 교수할 경우 보다 바람직한 교수 효과를 얻을 수 있을 것이다.

1) 환경 구성

(1) 집단 구성

집단 구성은 마음이해 향상 프로그램의 실행에서 매우 중요한 요소다. 이 프로그램은 개별적인 교수보다는 3~4명 정도의 소집단으로 진행하기에 적합한 프로그램이며 교수 상황과 아동의 특성에 따라 집단의 크기를 조절할 수 있다.

특수교육 현장뿐 아니라 통합된 유아교육기관이나 통합된 일반 학교 내에서 이 프로그램을 적용하는 경우 집단의 크기는 보다 다양하게 조절될 수 있다. 통합된 상황 하에서는 또래 시범이나 또래들의 역할놀이 참여 등을 통하여 프로그램의 효과를 보다 촉진할 수 있으며 다양한 사회적 상황들을 교수에 직접적으로 적용할 수 있다.

(2) 교사 및 또래 촉진자

이 프로그램에 포함된 활동에서는 교사와 또래의 역할이 매우 중요하다. 교사와 또래는 활동 중에 다양한 역할을 담당하게 되는데, 주로 활동의 시범자로 기능할 수 있으며 역할극을 하는 경우 다양한 상대역을 담당할 수 있다. 따라서 교수 대상 아동뿐 아니라 교실 내에 포함된 또래들의 역할이나 참여도 등도 적절히 고려하여 교수 활동을 진행하는 동안 바람직한 사회적 환경으로 참여할 수 있도록 한다.

(3) 교수 자료

이 프로그램에는 각각의 활동에 필요한 교수 자료가 제시되었다. 가장 자주 사용되는 교재는 그림 자료와 다양한 스크립트, 활동지, 그림책, 사진 등이다. 따라서 매 활동마다 관련된 교수 자료들을 준비한다. 교수 자료들은 아동의 발달 수준이나 연령 및 아동의 개별적 특성에 따라 적절히 수정하여 적용한다. 예를 들어, 이 교재에서 '그림 자료'를 교수 자료로 제시하였다 하더라도 교수 대상아동이 글로 쓰인 자료에 보다 적극적인 반응을 보이는 경우 글로 쓰인 교수 자료로 수정하여 사용할 수 있다.

2) 활동 진행 방법

활동은 시작과 활동 내용에 대한 설명, 시범 보이기, 활동 중에 일어나는 다양한 상황과 심리적 상태에 대하여 설명하기, 역할놀이를 통한 연습 및 피드백의 제공과 회기의 종료 등으로 진행된다. 진행 내용을 간단하게 살펴보면 다음과 같다.

(1) 활동 시작/활동 내용에 대한 설명

각 회기의 시작은 중재 내용에 대한 설명으로 시작한다(Bowler & Strom, 1998; Hadwin et al., 1997; Ozonoff & Miller, 1995; Swettenham, 1996). 이는 회기를 시작하면서 그날의 활동 내용을 알려 주고 활동 방법이나 참여 방법 등을 알려 줌으로써 자폐아동의 교수에 있어서 예측 가능한 사건의 제시를 통하여 교수 효과를 높일 수 있다는 선행연구에 근거한 것이다(Lord, Bristol, & Schopler, 1993).

(2) 시범 보이기

교사나 부모, 또래는 활동 내용에 대한 시범을 보임으로써 아동들에게 중재 내용에 대한 이해를 높이고 구체적인 상황들을 이해할 수 있도록 한다. 시범 보이기는 자폐아동이나 정신지체 아동 및 일반 아동들의 교수에서 기본적인 역할을 한다(Bricker, Pretti-Frontczak, & McComas, 1998). 시범 보이기는 역할놀이(Bowler & Strom, 1998)나 그림 자료의 제시 및 다양한 장난감(Howlin et al., 1999) 등을 이용한 활동을 통하여 실시할 수 있다.

(3) 심리적 상태에 대하여 설명하기

각 과제에 포함되어 있는 정신적 상태에 대한 설명을 하는 것으로, 단순한 결과에 대한 설명만이 아닌 결과의 근거가 되는 원인을 설명한다. 이러한 설명의 제시는 단순한 결과만을 교수하는 것에 비하여 마음이해에 대한 습득이 보다 잘 촉진될 수 있으며 믿음과 같은 개념들은 지각이나 행위, 바람, 의도와 같은 다른 개념들과의 관계 속에서 보다 잘 이해될 수 있다는 선행연구(Bartsch & Wellman, 1995)에 근거한 것이다.

(4) 역할놀이를 통한 연습

대상 아동들이 연구자가 제시하는 그림 자료 및 설명을 통하여 마음이해의 각 과제에 대하여 직접적인 실행을 해 보도록 한다. Jenkins와 Astington(2000)은 일반 유아들이 마음이해에 대한 능력이 발달함에 따라서 역할 정하기 및 함께 계획하기와 같은 전반적인 사회적 능력이 진보한다고 한다. 또한 역할놀이를 통하여 마음이해를 교수하였던 선행연구들에서도 대상자들의 역할놀이를 통한 연습이 긍정적인 교수 효과를 가져왔다고 하였다(Bowler & Strom, 1998; Ozonoff & Miller, 1995). 일반적으로 역할놀이를 통하여 마음이해를 교수하는 경우 교수 효과가 높으며 일반화가 잘 이루어진다(Bowler & Strom, 1998; Hadwin et al., 1997; Whiten, Irving, & Macintyre, 1993). 그러므로 역할놀이를 통하여 다른 사람의 생각과 자신의 생각을 이해할 수 있는 연습의 기회를 제시하는 것이 보다 한층 더 효과적인 교수가 될 수 있을 것이다.

(5) 피드백의 제공

아동들이 연습하고 실습을 하는 동안 아동들의 활동에 대하여 구체적으로 피드백을 제공한다(Ozonoff & Miller, 1995). 구체적인 강화와 피드백을 사용하는 경우 행동의 습득이 보다 빨리 이루어지며 유지가 잘 이루어질 수 있다(Howlin et al., 1999).

(6) 회기의 종료

교사나 부모들은 각 회기 동안 교수하고 연습한 내용들을 정리하고 설명하면서 회

기를 마치고 회기의 마지막에는 다음 회기에 교수할 내용에 대하여 2~3분 동안 알려 줌으로써 자폐아동들에게 다음 활동을 예측하고 준비할 수 있도록 한다. 이는 예측가능성이 자폐아동을 비롯한 장애 아동들의 교수에서 매우 중요한 요소라는 지적 (Schopler, Bourgondien, & Bristol, 1993)에 의한 것이다.

〈표 1-6〉 각 회기별 중재 절차 및 방법

중재 절차	중재 방법
시작하기	• 연구자들과 대상 아동이 인사를 나누고 회기를 시작한다.
설명하기	• 교수 내용에 대한 설명을 한다. • 교수 방법에 대한 설명을 하고 교수 내용의 중요성과 효과에 대하여 설명한다.
시범 보이기	• 연구자들이 교수 내용에 대한 구체적인 시범을 보인다. • 다양한 교수 자료를 이용하여 보다 구체적으로 중재 내용의 이해를 도울 수 있는 방법들을 제시한다.
정신적 상태에 대하여 설명하기	• 정신적 상태에 대한 설명은 단순한 결과에 대한 설명만이 아닌 결과의 근거가 되는 원인에 대한 설명을 제시한다.
역할놀이를 통하여 실습하기	• 역할 정하기 • 역할 실행하기 • 다른 사람의 심리적 상태에 대하여 언어적으로 표현하기 • 역할 바꾸어 실행하기
평가 및 피드백	• 교수 활동에 대하여 토의한다. • 체계적으로 피드백을 준다. • 잘 수행한 활동에 대하여 칭찬한다.
종료	• 회기를 종료한다.

8. 마음이해 향상 프로그램의 효과 검증 연구 결과

'마음이해 향상 프로그램' 의 효과 검증을 위하여 자폐성 장애 아동 30명을 대상으로 중재를 실시하였으며 이를 통하여 사회성과 심리적 상태에 관련한 표현어휘 능력 및 정서-믿음 과제 수행 능력에 미치는 영향을 검증하였다(박현옥, 이소현, 2010).

1) 연구 방법

연구 대상은 생활연령이 6~13세이며, 정신연령이 5세 이상이며, 지능지수가 50 이상인 자폐아동 30명이다. 이들을 실험집단과 통제집단에 각각 15명씩 배치하였다. 연구 대상으로 선정된 아동들은 서울시와 경기도의 특수학교 및 특수학급, 언어치료실과 발달장애아동센터, 일반 유치원 등에 소속된 아동들이었다.

중재 내용은 마음이론을 구성하는 주요 요소로 알려진 믿음이해 과제와 정서이해 과제의 두 가지 하위 내용들로 구성되었으며 각 요소에는 발달 단계별로 각각 4개 단계의 과제로 구성되었다. 중재 기간은 12주에 걸쳐서 실시되었으며 중재 빈도는 주 3회로 전체 36회기로 구성되었다. 중재의 실시는 3~4명 정도의 소집단으로 실시하였으며 중재 장소는 각 아동이 속한 기관의 빈 교실에서 실시되었다.

중재 프로그램의 효과와 영향력을 검증하기 위하여 사전·사후검사 통제집단 설계를 적용하였으며 실험집단과 통제집단의 사전검사와 사후검사 점수 간의 차이에 대한 차이를 검증하기 위하여 SPSS 10.0 프로그램을 이용하여 독립표본 t-검증을 실시하였다. 실험집단 내에서의 유지 효과를 검증하기 위해서는 종속표본 t-검증을 실시하였다.

2) 연구 결과

자폐아동들에게 적용한 중재 프로그램의 교수를 통하여 나타난 결과는 다음과 같다.

첫째, 마음이해 향상 프로그램을 실시하였던 실험집단이 통제집단에 비하여 믿음이해 과제와 정서이해 과제를 중심으로 한 마음이해 과제 수행에서 높은 증가를 보였다. 이러한 결과는 이 중재 프로그램이 자폐아동이 다른 사람의 마음이해 능력을 향상시켰다는 것을 의미한다.

둘째, 마음이해 향상 프로그램이 심리적 상태에 관련한 표현어휘와 사회적 기술에 긍정적인 영향을 주었다. 실험집단 아동들의 경우 심리적 상태에 관련한 표현어휘의 빈도와 다양도에서 중재 후 유의한 증가를 보였다. 가정과 교실에서의 사회적 기술

측정 체계에서도 전반적으로 유의한 증가를 보였다. 이러한 결과는 중재 프로그램이 심리적 상태에 관련한 표현어휘의 빈도와 다양도에 긍정적인 영향을 주었으며 사회성에서도 긍정적인 영향을 주었다는 점을 시사한다.

셋째, 마음이해 향상 프로그램의 중재 효과 및 영향력이 중재를 마친 후에도 지속적으로 유지되었다. 즉, 정서-믿음 과제 수행 능력에서 유지 효과를 보였으며 심리적 상태에 관련한 표현어휘의 빈도와 다양도 및 사회적 기술에서도 유지 효과가 나타났다.

이러한 결과들은 자폐아동들에게 마음이해 향상 프로그램을 실시하였을 때 정서-믿음 과제 수행 능력에서 유의한 향상이 있었음을 의미한다. 또한 사회성 및 심리적 상태에 관련한 표현어휘 사용에도 유의한 영향을 미친 것으로 나타났으며, 자폐아동 교육 프로그램에서 지속적으로 논의되고 있는 중재 효과의 유지 면에서도 긍정적인 결과를 제시하였다. 따라서 사회-인지를 적용한 교수 프로그램의 교수적 효과를 강력히 지지하는 것으로 밝혀졌다.

9. 마음이해 향상 프로그램의 특성과 그에 따른 기대 효과

'마음이해 향상 프로그램'의 개발 과정과 앞서 살펴본 효과 검증 연구 결과에 근거하여 볼 때, 이 프로그램을 활용함으로써 얻을 수 있는 기대 효과들은 다음과 같이 정리될 수 있다.

첫째, 이 프로그램은 정서 영역과 믿음 영역의 두 가지 하위 영역 각각에 대하여 네 단계의 발달 단계로 구성되었다. 따라서 사회-인지 영역에서의 발달이 부족한 자폐성 장애 아동 및 여러 다양한 장애 아동들에게 체계적으로 적용할 수 있다는 점에서 효과적으로 사용될 수 있을 것이다.

둘째, 교육 현장에서 교사를 비롯한 교육 전문가들이 손쉽게 적용할 수 있는 프로그램이다. 특별히 다른 사람에 대한 이해 능력이 부족한 아동들을 위한 교수 프로그램이 체계적으로 제시되지 못하고 교사들 개별적인 노력 여부에 의존하였던 점을 고려할 때 많은 교육 현장에서 쉽게 적용되고 확산될 수 있을 것이다.

셋째, 가정과 지역사회를 비롯하여 아동이 자주 접하게 되는 환경 속에서 쉽게 적용할 수 있는 프로그램이다. 마음이해 능력은 다른 사람에 대한 기본적인 이해 능력을 의미하며, 다양한 상황 속에서 가족을 비롯한 또래나 이웃들과 적절한 사회적 관계를 맺고 유지하는 과정 중에 나타나는 매우 중요한 기술이다. 따라서 아동이 접하게 되는 여러 가지 상황과 일과 속에서 부모를 비롯하여 또래나 친지 등이 쉽게 적용할 수 있는 활동들로 구성되었다.

넷째, 이 프로그램은 체계적인 연구를 통하여 그 효과가 검증된 프로그램이다. 교수 효과는 연구 결과에서 제시된 바와 같이 정서 및 믿음 과제 이해 능력을 비롯하여 사회성과 심리적 상태에 관련한 표현어휘 등에 긍정적인 효과가 있는 것으로 나타났다. 따라서 이 프로그램을 적절히 적용하는 경우 긍정적인 교수 효과를 기대할 수 있다.

결론적으로 이 프로그램은 자폐아동을 위한 적절한 교수 방법이나 교수 내용이 지속적으로 개발되고 있지만 실제적인 적용을 위한 프로그램은 지극히 부족한 상황 속에서 아동과 교사 및 부모들에게 매우 유용한 교육 프로그램으로 적용될 것으로 기대된다.

참고문헌

박현옥(2001a). 다른 사람의 믿음에 대한 이해를 중심으로 한 일반아동과 정신지체 아동 및 자폐아동의 마음이해 발달. 특수교육학연구, 35(4), 99-120.

박현옥(2001b). 자폐아동의 다른 사람에 대한 인식의 발달과 모방의 사회적 역할. 국립특수교육원, 8, 119-136.

박현옥(2008). 마음이해 능력에서의 개인차 관련 요인에 대한 선행연구 고찰. 자폐성장애연구, 8(1), 155-173.

박현옥, 이소현(2001a). 자폐아동의 마음이해의 발달: 정서이해에 근거한 마음이해 과제를 중심으로. 자폐성장애연구, 2(1), 109-131.

박현옥, 이소현(2001b). 자폐아동과 일반아동의 심리적 상태에 대한 표현어휘 능력 비교. 한국언어청각임상학회, 6(2), 391-404.

박현옥, 이소현(2010). 마음이해 향상 프로그램이 자폐성 장애 아동의 정서-믿음 과제 수행 및 심리적 상태 관련 표현어휘와 사회성에 미치는 효과. 특수교육학연구, 45(3), 1-27.

방명애(2000). 자폐아동의 마음이해의 결함. 특수교육학연구, 35(2), 47-67.

이정원, 이소현(2002). 어머니의 글 없는 그림책 읽기 중재가 자폐아동의 심리적 상태 관련 발화에 미치는 영향. 한국언어청각임상학회, 7(2), 200-224.

American Psychiatric Association (1994). *Diagnostic and statistical manual* (4th ed.). Washington, DC: Author.

Astington, J. W., & Jenkins, J. M. (1995). Theory of mind and socialunderstanding. *Cognition and Emotion, 9,* 151-165.

Baron-Cohen, S. (1991). Do people with autism understand what causes emotion? *Child Development, 62,* 385-95.

Baron-Cohen, S. (1999). *Mindblindness: An essay on autism and theory of mind.* Cambridge: MIT Press.

Baron-Cohen, S., Allen, J., & Gillberg, C. (1992). Can autism be detected at 18 months? The needle, the haystack, and the CHAT. *British Journal of Psychiatry, 161,* 839-847.

Baron-Cohen, S., Leslie, A. M., & Frith, U. (1985). Does the autistic child have a 'theory of mind' ? *Cognition, 21,* 37-46.

Baron-Cohen, S., Leslie, A. M., & Frith, U. (1986). Mechanical, behavioral and intentional understanding of picture stories in autistic children. *British Journal of Developmental Psychology, 4,* 113-125.

Bartsch, K., & Wellman, H. M. (1995). *Children talk about the mind.* New York: Oxford University Press.

Bowler, D. M., & Strom, E. (1998). Elicitation of first-order 'theory of mind' in the children with autism. *Autism, 2,* 33-44.

Bricker, D., Pretti-Frontczak, K., & McComas, N. (1998). *An activity-based approach to early intervention.* Baltimore: Paul Brookes.

Brown, J. R., & Dunn, J. (1996). Continuities in emotion understanding from three to six years. *Child Development, 67,* 789-802.

Cutting, A. L., & Dunn, J. (1999). Theory of mind, emotion understanding, language, & family background: Individual differences and interrelations. *Child Development, 90*(4), 853-865.

Dawson, G., Meltzoff, A. N., Osterling, J., & Rinaldi, J. (1997). Neuropsychological correlates of early symptoms of autism. *Child Development, 69*(5), 1276-1285.

Denham, S. A., Mcklinley, M., Couchoud, E. A., & Holt, R. (1990). Emotional and behavioral predictators of preschool peer ratings. *Child Development, 61,* 1145-1152.

de Villiers, J., & de Villiers, P. (1999). Linguistic determinism and false belief. In P. Mitchell & K. Riggs (Eds.), *Children's reasoning and the mind.* Psychology Press, Hove, UK.

Dunn, J., Brown, J., Slomkowski, C., & Youngblade, L. (1991). Young children's understanding of other people's feelings and beliefs: Individual differences and their antecedents. *Child Development, 62,* 1352-1366.

Flavell, J., & Miller, P. (1998). Social cognition. N. W. Damon (Ed.), *Handbook of child psychology Vol. 2: Cognition, perception, and Language* (pp. 851-898). New York: Wiley.

Gopnik, A., Slaughter, V., & Meltzoff, A. (1994). Changing your views: Understanding perception as a precursor to understanding belief. In C. Lewis & Mitchell (Eds.), *Origins of a theory of mind.* Erlbaum, Hillside, N.J.

Hadwin, J., Baron-Cohen, S., & Hill, K. (1997). Does teaching of mind have an effect on the ability to develop conversation in children with autism. *Journal of Autism and Developmental Disorders, 27*(5), 519-537.

Hadwin, J., & Perner, J. (1991). Pleased and surprised: Children's cognitive theory of emotion. *British Journal of Developmental Psychology, 9,* 215-234.

Harris, P. L., & Lipian, M. S. (1989). Understanding emotion and experiencing emotion. In C. Saarni & P. L. Harris (Eds.), *Children's understanding of emotions.* Cambridge: Cambridge University Press.

Harris, P., Johnson, C. N., Hutton, D., Andrews, G., & Cooke, T. (1989). Young children's theory of mind and emotion. *Cognition and Emotion, 3,* 379-400.

Hobson, R. P. (1993). *Autism and the development of mind.* Hillsdale: LEA.

Hobson, R. P., & Lee, A. (1989). Emotion-related and abstract concepts in autistic people: Evidence from the British Picture Vocabulary Scale. *Journal of Autism and Developmental Disorders, 19,* 601-23.

Howlin, P., Baron-Cohen, S., & Hadwin, J. (1999). *Teaching children with autism to mind-read: A practical guide.* New York: John Wiley & Sons.

Jenkins, J., & Astington, J. W. (1993). Cognitive, linguistic and social factors with theory of mind development in young children. Paper presented at the biennial meeting of the Society for Research in Child Development. New Orleans.

Jenkins, J. M., & Astington, J. W. (2000). Theory of mind and social behavior. *Merrill-Palmer Quarterly, 46*(2), 203-220.

Leslie, A. M., & Thaiss, L. (1992). Domain specificity in conceptual development: Evidence from autism. *Cognition, 43,* 225-251.

Lewis, C., Freeman, N. H., Hagestadt, C., & Douglas, H. (1994). Narrative access and production in preschoolers' false belief reasoning. *Cognitive Development, 9*(4), 397-424.

Lord, C., Bristol, M. M., & Schopler, E. (1993). Early intervention for children with autism and related developmental disorders. In E. Schopler, M. Van Bourgondien, & M. Bristol (Eds.), *Preschool issues in autism* (pp 87-106). New York: Plenum Press.

McGregor, E., Watson, A., & Blackburn, P. (1998). Teaching theory of mind by highlighting intention and illustrating thoughts: A comparison of the effectiveness with 3 year olds and autistic individuals. *British Journal of Developmental Psychology, 16,* 281-300.

Moore, C. (1996). Theories of mind in infancy. *British Journal of Developmental Psychology, 14,* 19-42.

Ozonoff, S., & Miller, J. N. (1995). Teaching Theory of Mind: A new approach to social skills training for individuals with autism. *Journal of Autism and Developmental Disorders, 25*(4), 415-433.

Perner, J., Ruffman, T., & Leekman, S. R. (1994). Theory of mind is contagious: You catch it from your sibs. *Child Development, 65,* 1228-1238.

Peterson, C., & Siegal, M. (1998). Changing focus on the representational mind: Deaf, autistic, and normal children's concepts of false photos, false drawings and false beliefs. *British Journal of Developmental Psychology, 16*, 301-320.

Phillips, W., Baron-Cohen, S., & Rutter, M. (1998). Understanding intention in normal development and in autism. *British Journal of Developmental Psychology, 16*, 337-48.

Pratt, C., & Bryant, P. (1990). Young children understand that looking leads to knowing(so long as they re looking into a single barrel). *Child Development, 61*, 973-982.

Schopler, E., Bourgondien, M. E., & Bristol, M. M. (1993). *Preschool issues in autism.* New York: Plenum Press.

Stein, N. L., & Levine, L. J. (1989). The causal organization of emotional knowledge: A developmental study. *Cognition and Emotion, 3*, 343-378.

Swettenham, J. (1996). Can children with autism be thought to understand to understand false belief using computers? *Journal of psychology and psychiatry, 37*, 157-165.

Swettenham, J. (2000). Teaching theory of mind to individuals with autism. In S. Baron-Cohen, H. Tager-Flusberg, & D. J. Cohen (Eds.), *Understanding Other Minds: Perspectives from developmental cognitive neuroscience* (pp. 442-456). Oxford: Oxford Univ. Press.

Tager-Flusberg, H. (1992). Autistic children's talk about psychological states: Deficits in the early acquisition of a theory of mind. *Child Development, 63*, 161-172.

Tager-Flusberg, H. (2000). Language and understanding minds: Connections in autism. In S. Baron-Cohen, H. Tager-Flusberg, & D. J. Cohen (Eds.), *Understanding Other Minds: Perspectives from developmental cognitive neuroscience* (pp. 124-149). Oxford: Oxford Univ. Press.

Weeks, S. J., & Hobson, R. P. (1987). The salience of facial expression for autistic children. *Journal of Child Psychology and Psychiatry, 28*, 137-52.

Wellman, H. M. (1990). *The child's theory of mind. Cambridge*, MA: MIT Press.

Wellman, H. M., & Lagattuta, K. H. (2000). Developing understanding of mind. In S. Baron-Cohen, H. Tager-Flusberg, & D. J. Cohen (Eds.), *Understanding other minds* (pp. 21-49). New York: Oxford University Press.

Whiten, A., Irving, K., & Macintyre, K. (1993). Can three-year-olds and people with autism to learn to predict the consequences of false belief. Paper presented at the British Psychological Society Developmental Psychology Section Annual Conference, Birmingham.

World Health Organization. (1993). *ICD-10 classification of mental and behavioral disorders.* Geneva: Author.

Yuill, N. (1984). Young children's coordination of motive and outcome in judgements of satisfaction and morality. *British Journal of Developmental Psychology, 2,* 73-81.

Zahn-Waxler, C., Robinson, J. L., & Emde, R. N. (1992). The development of empathy in twins. *Developmental Psychology, 28*(6), 1038-1047.

Part 02

정서이해 교수 프로그램

1단계
얼굴 표정의 이해

[활동 I-1-①] 어떤 표정일까요?

🌱 활동명　　어떤 표정일까요?
🌱 활동목표　얼굴 사진이나 그림을 보고 등장인물의 표정을 인식할 수 있다.
🌱 교수자료　얼굴 표정 카드(행복한, 화난, 슬픈, 놀란 얼굴 표정의 사진과 그림 자료,
　　　　　　각 2세트)

🌱 활동 과정 및 방법
1. 오늘의 활동 내용에 대하여 설명한다.
　　사람들의 여러 가지 표정에 대하여 함께 이야기를 나누게 될 것임을 설명한다.
2. 얼굴 표정 카드를 제시하면서 얼굴 표정에 대하여 설명하고 사람들에게는 다양
　한 표정이 있음을 설명한다.
3. 교사는 행복한 얼굴 표정과 슬픈 얼굴 표정의 사진을 자석판에 붙여 놓고 아동
　들에게 같은 표정의 사진을 붙여 보도록 한다.
4. 놀란 표정과 화난 표정의 사진을 자석판(혹은 융판)에 붙이고 아동들에게 같은
　표정의 사진을 붙여 보도록 한다.
5. 네 가지 표정의 사진을 붙이고 아동들에게 같은 표정의 사진을 찾아 붙이도록
　한다.
6. 네 가지 표정의 그림 카드로 자료를 바꾸어 3, 4, 5와 같이 진행한다.
7. 네 가지 표정의 사진과 그림 카드를 차례로 제시하면서 각각의 표정을 언어적으
　로 표현하도록 한다.
8. 아동들에게 오늘의 활동에 대하여 피드백을 주고 활동을 정리한다.

🌱 확대 활동
1-1. 사진 자료를 이용한 얼굴 표정의 이해
1-2. 그림 자료를 이용한 얼굴 표정의 이해 등으로 활동을 세분화하거나 활동 시
　　간을 구분하여 교수할 수 있다.
　　* 느낌이 달라요.
　　사진이나 그림 속의 얼굴 표정을 몸으로 혹은 얼굴로 표현할 수 있다.

[활동 I-1-②] **얼굴 표정 콜라주**

🌱 활동명　　얼굴 표정 콜라주

🌱 활동목표　신문이나 잡지 속의 다양한 사람들의 다양한 얼굴 표정을 인식할
　　　　　　수 있다.

🌱 교수자료　신문이나 잡지에서 가져온 다양한 얼굴 표정의 사진, 4절지 도화지
　　　　　　4장, 가위, 풀

🌱 활동 과정 및 방법

1. 지난 시간의 활동을 회상하면서 사람들의 다양한 표정에 대하여 이야기를 주고
　받는다.

2. 준비한 잡지의 얼굴 표정 사진을 보여 주면서 각 표정에 대하여 아동들에게 질
　문한다.

3. 교사가 미리 완성한 얼굴 표정 콜라주를 보여 주면서 활동 방법에 대하여 설명
　한다.

4. 아동들에게 '행복해요'라는 글과 행복한 얼굴 표정이 한 장 붙여져 있는 도화지
　를 제시하고 행복한 얼굴 표정의 잡지 사진을 나누어 준 후 도화지에 행복한 얼
　굴 표정 콜라주를 만들어 보도록 한다.

5. '슬퍼요' '무서워요' '화나요'도 각각 4와 같은 방법으로 진행한다.

6. 완성된 작품을 보면서 각각의 얼굴 표정에 대하여 아동들이 설명하도록 한다.

7. 아동들에게 오늘의 활동에 대하여 피드백을 주고 활동을 정리한다.

🌱 확대 활동

1. 여러 가지 얼굴 표정을 만들어요.
　준비물: 검정 도화지, 눈동자, 풀, 색종이

2. 얼굴 표정 퍼즐 완성하기

[활동 Ⅰ-1-③] **여러 가지 얼굴 표정을 그림으로 표현해요**

🌱 활동명   여러 가지 얼굴 표정을 그림으로 표현해요.
🌱 활동목표   기쁜 표정, 슬픈 표정, 화난 표정, 무서운 표정을 그림으로 표현할
          수 있다.
🌱 교수자료   표정이 없는 얼굴 도안 4장, 빈 종이 4장

🌱 활동 과정 및 방법
1. 노래를 부르며 오늘의 활동을 시작한다('성난 얼굴 찡그린 얼굴').
2. 교사가 표정이 없는 얼굴 도안을 보여 준 후 빈 얼굴에 행복한, 슬픈, 화난, 무서
   운 얼굴 표정을 그려 넣음으로써 활동에 대한 시범을 보인다.
3. 아동들 중 한 명을 선정하여 친구들 앞에서 활동을 시연해 볼 수 있도록 한다.
4. 다른 아동들도 다양한 표정을 그려 볼 수 있도록 한다.
5. 아동들에게 얼굴 모양의 도안을 제시한 후 각각의 얼굴 표정을 그려 보도록 한다.
6. 5의 활동을 마친 아동들에게는 빈 도화지를 제시하여 얼굴 외곽과 표정을 모두
   그려 보도록 한다.
7. 표정 그리기가 완성되면 각 아동들의 결과물을 다른 아동에게 보여 주고 어떤
   표정인지를 설명하도록 한다.
8. 교사는 아동들에게 피드백을 제공하고 활동을 정리한다.

🌱 확대 활동
  느낌 가면: 얼굴 표정의 가면을 만들거나 만들어진 것을 제시한 후 가면을 쓰고 그
표정에 따른 음성이나 몸짓을 해 본다.

2단계
상황에 근거한 감정의 이해

주제	분류번호	활동명
	I-2-①	이럴 때는 행복해요(좋아요/즐거워요)
	I-2-②	이럴 때는 슬퍼요
	I-2-③	이럴 때는 화나요. 그리고 속상해요
	I-2-④	이럴 때는 무서워요
	I-2-⑤	내가 행복할 때
	I-2-⑥	우리 엄마와 아빠께서 기분 좋으실 때
상황에 근거한	I-2-⑦	내가 슬플 때
감정의 이해	I-2-⑧	우리 엄마와 아빠께서 슬프실 때
	I-2-⑨	나는 이럴 때 화나요
	I-2-⑩	우리 엄마와 아빠께서는 이럴 때 화를 내시죠
	I-2-⑪	나는 이럴 때 무서웠어요
	I-2-⑫	친구들은 이럴 때 무서웠대요
	I-2-⑬	나의 친구들이 기쁠 때와 슬플 때
	I-2-⑭	이런 기분은……

[활동 Ⅰ-2-①] **이럴 때는 행복해요(좋아요/즐거워요)**

🌱 활동명 　　이럴 때는 행복해요(좋아요/즐거워요)

🌱 활동목표 　여러 가지 즐거운 상황을 이해하고 즐거운 감정을 느끼고 표현할
　　　　　　　수 있다.

🌱 교수자료 　즐거운 상황 그림 여덟 장면

🌱 활동 과정 및 방법

1. 관련된 노래를 부르며 활동을 시작한다.

2. 즐거움이나 행복함과 관련한 그림 자료를 제시하면서 그림 자료 속의 상황을 설
　명한다.

3. 그림 자료 속의 상황에 근거한 감정을 설명한다.

4. 그림 자료를 보면서 아동들에게 그림 자료에 관련된 감정을 질문한다.

5. 그림 자료를 보면서 행복한 얼굴 표정을 지어 보도록 한다.

6. 그림 자료 속의 몇 가지 상황을 설정한 후 역할놀이를 한다.

　　6-1. 교사는 설정된 상황에 대하여 역할놀이의 시범을 보인다.

　　6-2. 역할을 정한다.

　　6-3. 교사의 시범에 따라 역할을 수행해 보도록 한다.

　　6-4. 상황과 역할을 바꾸어 수행한다.

7. 역할놀이를 마친 후 체계적으로 피드백을 주고 강화한다.

8. 그림 자료를 보면서 활동을 정리한다.

🌱 확대 활동

동화책 속의 이야기: 행복한 이야기를 찾아보세요.

[활동 Ⅰ-2-②] **이럴 때는 슬퍼요**

🪴 활동명　　　이럴 때는 슬퍼요
🪴 활동목표　　여러 가지 슬픈 상황을 이해하고 슬픈 감정을 느끼고 표현할 수
　　　　　　　있다.
🪴 교수자료　　슬픈 상황 그림 여덟 장면

🪴 활동 과정 및 방법

1. 관련된 노래를 부르며 활동을 시작한다.
2. 슬픔이나 속상함과 관련한 그림 자료를 제시하면서 그림 자료 속의 상황을 설명
　한다.
3. 그림 자료 속의 상황에 근거한 감정을 설명한다.
4. 그림 자료를 보면서 아동들에게 그림 자료에 관련된 감정을 질문한다.
5. 그림 자료를 보면서 슬픈 얼굴 표정을 지어 보도록 한다.
6. 그림 자료 속의 몇 가지 상황을 설정한 후 역할놀이를 한다.
　6-1. 교사는 설정된 상황에 대하여 역할놀이의 시범을 보인다.
　6-2. 역할을 정한다.
　6-3. 교사의 시범에 따라 역할을 수행해 보도록 한다.
　6-4. 상황과 역할을 바꾸어 수행한다.
7. 역할놀이를 마친 후 체계적으로 피드백을 주고 강화한다.
8. 그림 자료를 보면서 활동을 정리한다.

🪴 확대 활동
동화책 속의 이야기: 슬픈 이야기를 찾아보세요.

[활동 Ⅰ-2-③] **이럴 때는 화나요. 그리고 속상해요**

🌱 활동명   이럴 때는 화나요. 그리고 속상해요

🌱 활동목표   여러 가지 화나는 상황을 이해하고 그러한 상황에 의해 야기되는
         화나는 감정을 느끼고 표현할 수 있다.

🌱 교수자료   화나는 상황 그림 여덟 장면

🌱 활동 과정 및 방법

1. 관련된 노래를 부르며 활동을 시작한다.

2. 화를 나게 하는 상황의 그림 자료를 제시하면서 그림 자료를 설명한다.

3. 그림 자료 속의 상황에 근거한 감정을 설명한다.

4. 그림 자료를 보면서 아동들에게 그림 자료에 관련된 감정을 질문한다.

5. 그림 자료를 보면서 화나는 얼굴 표정을 지어 보도록 한다.

6. 그림 자료 속의 몇 가지 상황을 설정한 후 역할놀이를 한다.

　6-1. 교사는 설정된 상황에 대하여 역할놀이의 시범을 보인다.

　6-2. 역할을 정한다.

　6-3. 교사의 시범에 따라 역할을 수행해 보도록 한다.

　6-4. 상황과 역할을 바꾸어 수행한다.

7. 역할놀이를 마친 후 체계적으로 피드백을 주고 강화한다.

8. 그림 자료를 보면서 활동을 정리한다.

🌱 확대 활동

동화책 속의 이야기: 이야기 속 주인공은 왜 화가 날까요?

[활동 Ⅰ-2-④] **이럴 때는 무서워요**

🌱 활동명   이럴 때는 무서워요
🌱 활동목표   여러 가지 두려운 상황을 이해하고 무서운 감정을 느끼고 표현할
　　　　　　수 있다.
🌱 교수자료   무섭거나 두려운 상황 그림 여덟 장면

🌱 활동 과정 및 방법

1. 관련된 노래를 부르며 활동을 시작한다.
2. 무서움이나 두려움을 야기하는 그림 자료를 제시하면서 그림 자료 속의 상황을
　설명한다.
3. 그림 자료 속의 상황에 근거한 감정을 설명한다.
4. 그림 자료를 보면서 아동들에게 그림 자료에 관련된 감정을 질문한다.
5. 그림 자료를 보면서 무서워하는 얼굴 표정을 지어 보도록 한다.
6. 그림 자료 속의 몇 가지 상황을 설정한 후 역할놀이를 한다.
　6-1. 교사는 설정된 상황에 대하여 역할놀이의 시범을 보인다.
　6-2. 역할을 정한다.
　6-3. 교사의 시범에 따라 역할을 수행해 보도록 한다.
　6-4. 상황과 역할을 바꾸어 수행한다.
7. 역할놀이를 마친 후 체계적으로 피드백을 주고 강화한다.
8. 그림 자료를 보면서 활동을 정리한다.

🌱 확대 활동

동화책 속의 이야기: 동화책 속 주인공이 언제 제일 무서웠을까요?

나는 이럴 때 무서워요

1. 엄마와 백화점에 갔다가 길을 잃어버렸어요.

2. 길을 가는데 커다란 개가 나를 물려고 따라와요.

3. 엄마가 화나서 나를 야단치려고 할 때 무서워요.

4. 선생님이 화가 나서 나를 야단치려고 할 때 무서워요.

5. 커다란 호랑이가 사람을 물려고 해요.─무서워요.

6. 무서운 영화를 봤어요.─무서워요.

[활동 Ⅰ-2-⑤] **내가 행복할 때**

🌱 활동명   내가 행복할 때(즐거울 때)

🌱 활동목표   1. 자신의 경험을 통하여 행복했던 감정을 회상하고 표현할 수 있다.

2. 자신이 즐겁고 행복할 수 있는 상황을 이해하고 표현할 수 있다.

🌱 교수자료   연필, 색연필, 빈 종이

🌱 활동 과정 및 방법

1. 노래와 출석을 부르며 활동을 시작한다.

2. 활동 Ⅰ-2-①에서 사용했던 그림 자료를 보여 주면서 행복한 상황을 이야기한다.

3. 아동들에게 행복했던 경험이나 상황을 이야기해 보도록 한다.

4. 아동들이 이야기하는 동안 피드백을 주고 촉진한다.

5. 3과 4의 이야기를 중심으로 빈 종이에 '나는 이럴 때 행복해요' 라는 주제로 행복했던 경험을 글로 표현하도록 한다(글로 표현하지 못하는 아동의 경우, 그림 그리기, 이야기하기, 그림 카드에서 고르기 등의 활동으로 수정하여 적용한다.).

6. 글로 표현하기 활동을 정리한 후 각자의 글을 발표하도록 한다.

7. 글이나 말로 표현했던 내용들 중 한두 가지 상황을 설정하여 역할놀이를 한다.

7-1. 교사는 설정된 상황에 대하여 역할놀이의 시범을 보인다.

7-2. 역할을 정한다.

7-3. 교사의 시범에 따라 역할을 수행해 보도록 한다.

7-4. 상황과 역할을 바꾸어 수행한다.

8. 역할놀이를 마친 후 체계적으로 피드백을 주고 강화한다.

9. 활동을 정리한다.

🌱 확대 활동

행복했던 마음을 그림으로 표현해요.

나는 이럴 때 즐거워요
—행복해요/신나요

1. 친구들과 롤러스케이트를 탈 때

2. 소풍을 갔을 때

3. 생일이 되었을 때

4. 친구들과 사이좋게 재미있는 책을 볼 때

5. 친구들과 사이좋게 블록놀이를 할 때

6. 컴퓨터 게임을 할 때

7. 맛있는 음식을 먹을 때—피자를 먹을 때/떡볶이를
   먹을 때/초콜릿을 먹을 때/짱구를 먹을 때/사탕을
   먹을 때/껌을 씹을 때/콜라를 마실 때

내가 행복할 때

1. 밥 먹을 때
2. 지하철 탈 때(2호선~7호선~4호선 갈아탈 때)
3. 놀이공원 갈 때

1. 생일파티 할 때
2. 준오와 텔레비전 볼 때
3. 피자 먹을 때
4. 비디오 볼 때
5. 공부할 때

1. 외할머니 댁에 갔을 때
2. 시골 할아버지, 할머니 댁에 갈 때
3. 여자 선생님을 좋아할 때

[활동 I-2-⑥] **우리 엄마와 아빠께서 기분 좋으실 때**

🌱 활동명　　 우리 엄마와 아빠께서 기분 좋으실 때
🌱 활동목표　 부모와 같이 가장 가까운 주변 사람의 즐거운 감정을 인식하고 표현할 수 있다.
🌱 교수자료　 그림 자료, 빈 종이, 연필 및 색연필

🌱 활동 과정 및 방법
1. 노래와 출석을 부르며 활동을 시작한다.
2. 어머니와 아버지가 즐거워하는 그림 자료를 보여 주면서 그림 자료 속의 인물의 감정과 감정의 근거를 이야기한다.
3. 자신의 부모와의 경험을 중심으로 어머니와 아버지께서 어떤 경우에 기뻐하시는지를 이야기해 본다.
4. 이야기를 정리한 후 글로 표현하도록 한다.
5. 표현한 글을 각자 발표한다.
6. 글로 표현한 내용 중 한두 가지를 선정하여 역할놀이를 한다.
　6-1. 교사는 설정된 상황에 대하여 역할놀이의 시범을 보인다.
　6-2. 역할을 정한다.
　6-3. 교사의 시범에 따라 역할을 수행해 보도록 한다.
　6-4. 상황과 역할을 바꾸어 수행한다.
7. 역할놀이를 마친 후 체계적으로 피드백을 주고 강화한다.
8. 활동을 정리한다.

🌱 확대 활동
우리 엄마와 아빠께서는 기쁠 때 이런 목소리로 이야기하신답니다.

[활동 Ⅰ-2-⑦] **내가 슬플 때**

🌱 활동명   내가 슬플 때

🌱 활동목표   1. 자신의 경험을 통하여 슬픈 감정을 회상하고 표현할 수 있다.

2. 자신이 슬프거나 이로 인하여 속상했던 상황을 이해하고 표현할 수 있다.

🌱 교수자료   연필, 색연필, 빈 종이

🌱 활동 과정 및 방법

1. 관련된 노래와 출석을 부르며 활동을 시작한다.

2. 활동 Ⅰ-2-②에서 사용했던 그림 자료를 보여 주면서 슬픈 상황을 이야기한다.

3. 교사는 자신의 슬펐던 상황을 이야기한다.

4. 아동들에게 슬펐던 상황을 이야기해 보도록 한다.

5. 아동들이 발표하는 동안 피드백을 주고 촉진한다.

6. 4의 발표 내용을 중심으로 빈 종이에 '나는 이럴 때 슬퍼요' 라는 주제로 슬펐던 상황을 글로 표현하도록 한다(글을 쓰지 못하는 아동들은 말로 표현하고 교사가 정리해 준다.).

7. 글로 표현하기 활동을 정리한 후 각자의 글을 발표하도록 한다.

8. 글이나 언어적으로 표현되었던 내용들 중 한두 가지 상황을 설정하여 역할놀이를 한다.

   8-1. 교사는 설정된 상황에 대하여 역할놀이의 시범을 보인다.

   8-2. 역할을 정한다.

   8-3. 교사의 시범에 따라 역할을 수행해 보도록 한다.

   8-4. 상황과 역할을 바꾸어 수행한다.

9. 역할놀이를 마친 후 체계적으로 피드백을 주고 강화한다.

10. 활동을 정리한다.

🌱 확대 활동

슬펐던 마음을 그림으로 표현해요.

나는 이럴 때 슬퍼요

1. 엄마께 꾸지람을 들었어요.
2. 자전거를 타다가 넘어졌어요.
3. 선생님께 꾸지람을 들었어요.
4. 장난감이 망가졌어요.
5. 친구들이 안 놀아 줘요.
6. 친구들이 놀려요.
7. 강아지가 아파요.

[활동 Ⅰ-2-⑧]　**우리 엄마와 아빠께서 슬프실 때**

🌱 활동명　　우리 엄마와 아빠께서 슬프실 때
🌱 활동목표　부모와 같이 가장 가까운 주변 사람의 즐거운 감정을 인식하고 표
　　　　　　현할 수 있다.
🌱 교수자료　그림 자료, 빈 종이, 연필 및 색연필

🌱 활동 과정 및 방법
1. 노래와 출석을 부르며 활동을 시작한다.
2. 어머니와 아버지가 슬퍼하는 그림 자료를 보여 주면서 그림 자료 속의 인물의
　감정과 감정의 근거를 이야기한다.
3. 자신의 부모와의 경험을 중심으로 어머니와 아버지께서 어떤 경우에 슬퍼하시
　는지를 이야기해 본다.
4. 이야기를 정리한 후 글로 표현하도록 한다.
5. 표현한 글을 각자 발표한다.
6. 글로 표현한 내용 중 한두 가지를 선정하여 역할놀이를 한다.
　6-1. 교사는 설정된 상황에 대하여 역할놀이의 시범을 보인다.
　6-2. 역할을 정한다.
　6-3. 교사의 시범에 따라 역할을 수행해 보도록 한다.
　6-4. 상황과 역할을 바꾸어 수행한다.
7. 역할놀이를 마친 후 체계적으로 피드백을 주고 강화한다.
8. 활동을 정리한다.

🌱 확대 활동
우리 엄마와 아빠가 슬플 때 이런 목소리를 들려줘요.

[활동 Ⅰ-2-⑨] **나는 이럴 때 화나요**

🌱 활동명　　나는 이럴 때 화나요.

🌱 활동목표　1. 자신의 경험을 통하여 화나는 감정을 회상하고 표현할 수 있다.

　　　　　　2. 자신이 화나거나 속상했던 상황을 이해하고 표현할 수 있다.

🌱 교수자료　그림 자료, 연필, 색연필, 빈 종이

🌱 활동 과정 및 방법

1. 노래와 출석을 부르며 활동을 시작한다.

2. 그림 자료를 보여 주면서 화나는 감정의 근거가 되는 상황들을 이야기한다.

3. 교사는 "선생님은 이럴 때 화가 났었어요."라고 이야기를 한다.

4. 아동들도 '나는 이럴 때 화나요'를 이야기해 보도록 한다.

5. 아동들이 발표하는 동안 피드백을 주고 촉진한다.

6. 4의 발표 내용을 중심으로 빈 종이에 '나는 이럴 때 화나요'라는 주제로 화났던
상황을 글이나 그림으로 표현하도록 한다.

7. 글로 표현하기 활동을 정리한 후 6의 내용을 발표하도록 한다.

8. 글이나 그림 혹은 언어적으로 표현되었던 내용들 중 한두 가지 상황을 설정하여
역할놀이를 한다.

　　8-1. 교사는 설정된 상황에 대하여 역할놀이의 시범을 보인다.

　　8-2. 역할을 정한다.

　　8-3. 교사의 시범에 따라 역할을 수행해 보도록 한다.

　　8-4. 상황과 역할을 바꾸어 수행한다.

9. 역할놀이를 마친 후 체계적으로 피드백을 주고 강화한다.

10. 활동을 정리한다.

🌱 확대 활동

내가 화낼 때 다른 사람의 얼굴은 어떤 얼굴일까요?

나는 이럴 때 화가 나요

1. 친구가 장난감을 뺏어 가요.
2. 내가 쌓아 놓은 블록을 망가뜨렸어요.
3. 동생이 내 책을 찢었어요.
4. 친구에게 내 사탕을 빼앗겼어요.
5. 친구들이 놀려요.

[활동 I-2-⑩] **우리 엄마와 아빠께서는 이럴 때 화를 내시죠**

🌱 활동명　　우리 엄마와 아빠께서는 이럴 때 화를 내시죠.

🌱 활동목표　1. 자신과 가까운 가족, 특별히 부모와의 경험을 통하여 화나는 감
　　　　　　　 정을 회상하고 표현할 수 있다.
　　　　　　 2. 화나거나 속상했던 상황을 이해하고 표현할 수 있다.

🌱 교수자료　관련된 그림 자료, 연필, 색연필, 빈 종이

🌱 활동 과정 및 방법

1. 관련된 노래와 출석을 부르며 활동을 시작한다.
2. 그림 자료를 보여 주면서 화나는 상황에 대하여 이야기한다.
3. 교사는 자신의 경험을 이야기하면서 "이럴 때 선생님은 화가 나요."라고 이야기
　 한다.
4. 아동들이 자신의 부모님은 언제 화를 내시는지 이야기해 보도록 한다.
5. 교사는 아동들이 발표하는 동안 피드백을 주고 촉진한다.
6. 4의 발표 내용을 중심으로 빈 종이에 '우리 엄마와 아빠께서는 이럴 때 화를 내
　 시죠'라는 주제를 글이나 그림으로 표현해 보도록 한다.
7. 활동을 정리한 후 글과 그림을 발표하도록 한다.
8. 글이나 그림으로 표현되었던 내용들 중 한두 가지 상황을 설정하여 역할놀이를
　 한다.
　　8-1. 교사는 설정된 상황에 대하여 역할놀이의 시범을 보인다.
　　8-2. 역할을 정한다.
　　8-3. 교사의 시범에 따라 역할을 수행해 보도록 한다.
　　8-4. 상황과 역할을 바꾸어 수행한다.
9. 역할놀이를 마친 후 체계적으로 피드백을 주고 강화한다.
10. 활동을 정리한다.

🌱 확대 활동

우리 엄마와 아빠가 화나시면 이런 목소리를 들려줘요.

[활동 Ⅰ-2-⑪] **나는 이럴 때 무서웠어요**

🪴 활동명   나는 이럴 때 무서웠어요.

🪴 활동목표   1. 두렵고 무서운 상황을 이해하고 이러한 상황에 관련된 감정을
　　　　　　　　이해하고 표현할 수 있다.
　　　　　　　 2. 두렵고 무서웠던 경험을 표현할 수 있다.

🪴 교수자료   연필, 색연필, 빈 종이

🪴 활동 과정 및 방법

1. 노래와 출석을 부르며 활동을 시작한다.

2. 활동 Ⅰ-2-④에서 사용하였던 그림 자료를 보여 주면서 두렵고 무서운 상황들
   을 이야기한다.

3. 아동들에게 "나는 이럴 때 무서웠어요."라고 이야기해 보도록 한다.

4. 아동들이 이야기하는 동안 피드백을 주고 촉진한다.

5. 4의 발표 내용을 중심으로 빈 종이에 '나는 이럴 때 무서웠어요' 라는 주제로 무
   섭거나 두려웠던 상황을 글이나 그림으로 표현하도록 한다.

6. 표현하기 활동을 정리한 후 각자의 이야기를 발표하도록 한다.

7. 글이나 그림으로 표현되었던 내용들 중 한두 가지 상황을 설정하여 역할놀이를
   한다.

   7-1. 교사는 설정된 상황에 대하여 역할놀이의 시범을 보인다.

   7-2. 역할을 정한다.

   7-3. 교사의 시범에 따라 역할을 수행해 보도록 한다.

   7-4. 상황과 역할을 바꾸어 수행한다.

8. 역할놀이를 마친 후 체계적으로 피드백을 주고 강화한다.
9. 활동을 정리한다.

🪴 확대 활동

무서울 때 나는 이런 행동을 했어요.

[활동 Ⅰ-2-⑫] 친구들은 이럴 때 무서웠대요

🪴 활동명   친구들은 이럴 때 무서웠대요
🪴 활동목표   1. 또래 친구들의 두려운 감정을 유발하는 상황을 이해할 수 있다.
　　　　　　 2. 다른 사람의 감정을 이해하고 표현할 수 있다.
🪴 교수자료   연필, 색연필, 빈 종이

🪴 활동 과정 및 방법

1. 노래와 출석을 부르며 활동을 시작한다.
2. 활동 Ⅰ-2-④에서 사용하였던 그림 자료를 보여 주면서 두려움이나 공포를 야기하는 상황들을 이야기한다.
3. 활동 Ⅰ-2-⑪에서 나누었던 '나는 이럴 때 무서웠어요' 라는 상황들을 회상한다.
4. 교사는 다른 친구들의 이야기를 제시하면서 다른 친구들의 경험과 그에 따른 감정을 이야기한다.
5. 두 명씩 짝을 지어 자신의 경험과 친구의 경험을 서로 이야기하도록 한다.
6. 교사와 보조교사는 아동들이 잘 진행하지 못하는 경우 촉진을 해 준다.
7. 모두 모인 자리에서 다른 친구가 무서웠었던 경험을 이야기해 보도록 한다.
   (예: 혜수: 준혁이는 자동차가 뒤에서 달려와서 무서웠대요.
   　　준혁: 혜수는 유리창이 깨져서 무서웠대요.)
8. 위의 내용들 중 한두 가지 상황을 설정하여 역할놀이를 한다.
   8-1. 교사는 설정된 상황에 대하여 역할놀이의 시범을 보인다.
   8-2. 역할을 정한다.
   8-3. 교사의 시범에 따라 역할을 수행해 보도록 한다.
   8-4. 상황과 역할을 바꾸어 수행한다.

9. 역할놀이를 마친 후 체계적으로 피드백을 주고 강화한다.

10. 활동을 정리한다.

🌱 확대 활동

친구들은 무서울 때 이런 행동을 하지요.

[활동 Ⅰ-2-⑬] **나의 친구들이 기쁠 때와 슬플 때**

🌱 활동명　나의 친구들이 기쁠 때와 슬플 때
🌱 활동목표　1. 또래 친구들의 기쁨이나 슬픔과 관련된 상황을 이해하고 이러한 상황에 근거하여 감정을 이해하고 표현할 수 있다.
　　　　　　2. 다른 사람의 입장에서 기쁨이나 슬픔을 야기하는 상황들을 표현할 수 있다.
🌱 교수자료　연필, 색연필, 빈 종이

🌱 활동 과정 및 방법

1. 노래와 출석을 부르며 활동을 시작한다.
2. 활동 Ⅰ-2-①과 Ⅰ-2-②에서 사용하였던 그림 자료를 보여 주면서 기쁨이나 슬픔을 일으키는 상황을 이야기한다.
3. 활동 Ⅰ-2-⑤와 Ⅰ-2-⑦에서 나누었던 '내가 기쁠 때와 슬플 때'를 회상해 보도록 한다.
4. 자신의 경험 외에 다른 친구들이 즐거워했던 경험을 이야기하도록 한다. 특별히 아동 자신과의 관계 속에서 친구들이 즐거웠던 상황을 표현할 수 있도록 한다.
5. 4의 활동을 바로 진행하기 어려운 경우 교사가 먼저 시범을 보인다(*시범의 예).
6. 친구가 즐거워했던 상황과 슬퍼했던 상황을 이야기하도록 한다.
7. 교사와 보조교사는 아동들이 잘 진행하지 못하는 경우 촉진을 해 준다.
8. 위의 내용들 중 한두 가지 상황을 설정하여 역할놀이를 한다.
　8-1. 교사는 설정된 상황에 대하여 역할놀이의 시범을 보인다.
　8-2. 역할을 정한다.
　8-3. 교사의 시범에 따라 역할을 수행해 보도록 한다.
　8-4. 상황과 역할을 바꾸어 수행한다.

9. 역할놀이를 마친 후 체계적으로 피드백을 주고 강화한다.

10. 활동을 정리한다.

🪴 확대 활동

동화책 속의 기쁜 이야기와 슬픈 이야기를 찾아보세요.

시범의 예

교사   "혜수는 준혁이가 언제 기쁜지, 그리고 언제 속상한지 이야기해 보자."

아동의 반응:

교사   "준혁이는 혜수가 지우개를 빌려 주었을 때 기분이 참 좋았대요.

        그리고 또 준혁이는 혜수랑 같이 햄버거를 먹었을 때 기분이 좋았대요.

        그런데 준혁이는 혜수가 준혁이 신발을 던져 버렸을 때 속상했대요."

아동의 반응:

교사   "그러면 준혁이는 혜수가 언제 기분 좋은지, 언제 속상한지 생각해 볼까?

        혜수는 준혁이가 무거운 가방을 들어주었을 때 참 기뻤대요.

        그런데 준혁이가 혜수 머리띠를 잡아당겼을 때는 속상했대요."

[활동 I-2-⑭] **이런 기분은……**

🌱 활동명   이런 기분은……

🌱 활동목표   1. 기쁨, 슬픔, 두려움, 화남과 같은 기본적인 감정을 유발하는 상황
        들을 이해하고 표현할 수 있다.
       2. 어떤 특정한 상황을 보면서 자신과 다른 사람의 감정을 예측하
        고 표현할 수 있다.

🌱 교수자료   다양한 기분 그림 자료 또는 아동들이 표현했던 자료, 감정 기록지,
        연필, 색연필

🌱 활동 과정 및 방법

1. 기쁨, 슬픔, 화남, 두려움을 유발하는 상황의 그림 자료 및 아동들이 글로 표현
   하였던 자료 중 몇 가지 장면을 제시하면서 그동안의 활동을 정리한다.

2. 교사는 몇 가지 그림 자료를 제시하면서 그림 자료 속의 상황과 관련된 감정을
   아동들이 추측하고 표현하도록 한다.

3. 네 가지 감정을 유발하는 상황들을 글로 기록한 자료를 제시하면서 이에 관련된
   감정을 추측하고 표현하도록 한다.

4. 4등분된 4절지에 기쁨, 슬픔, 화남, 두려움이라는 칸을 각각 마련하여 각 아동들
   이 자신의 경험 속에서 네 가지 감정을 유발하였던 상황들을 표현하도록 한다.

5. 각 아동들에게 교사가 미리 준비한 쓰기 자료를 제시하고 각각의 감정과 관련된
   상황들을 표현하도록 한다.

6. 5의 활동을 잘 수행하지 못하는 경우 교사는 언어적 촉진을 해 준다.

7. 5의 활동을 정리하고 각 아동들이 수행한 내용을 중심으로 다른 친구들 앞에서
   표현하도록 한다.

8. 각 아동의 표현에 체계적으로 피드백을 해 준다.

9. 활동을 정리하고 마친다.

🌱 확대 활동

감정 퍼즐을 완성해요.

활동지 이야기

이야기

이야기

이야기

이야기

3단계
바람에 근거한 감정의 이해

주제	분류번호	활동명
바람에 근거한 감정의 이해	I-3-①	내가 좋아하는 음식/ 나는 이런 음식을 먹고 싶어요
	I-3-②	내가 갖고 싶은 장난감(내가 가고 싶은 놀이공원/내가 하고 싶은 놀이)
	I-3-③	오늘은 나의 생일 (1)
	I-3-④	내가 싫어하는 음식/ 나는 이런 음식을 싫어해요
	I-3-⑤	내가 선물로 받고 싶은 장난감이 아니었어요
	I-3-⑥	친구가 원하는 것을 알 수 있어요
	I-3-⑦	친구의 시선을 그릴 수 있어요
	I-3-⑧	새 자전거를 갖고 싶은 태민이
	I-3-⑨	친구의 느낌을 표현할 수 있어요

[활동 I-3-①]　**내가 좋아하는 음식/나는 이런 음식을 먹고 싶어요**

🌱 활동명　　내가 좋아하는 음식/나는 이런 음식을 먹고 싶어요.

🌱 활동목표　1. 자신의 바람을 인식하고 표현할 수 있다.

　　　　　　2. 바람이 이루어졌을 때 즐겁고 행복한 감정을 인식하고 표현할
　　　　　　　 수 있다.

🌱 교수자료　• 그림 자료(무엇인가를 원하는 얼굴 표정 그림, 행복한 얼굴 표정, 얼굴
　　　　　　　 표정이 없는 그림)

　　　　　　• 다양한 음식 그림 또는 사진(피자/사탕/초콜릿/새우깡/짱구/떡볶이/
　　　　　　　 요구르트/우유/치킨 등)

　　　　　　• 사람 모형

🌱 활동 과정 및 방법

1. 노래를 부르며 활동을 시작한다.

2. 여러 가지 음식 그림 카드를 제시하면서 교사는 '참 맛있겠다. 아! 먹고 싶다.'
   등의 표현을 한다.

3. 이런 음식을 어머니가 주셨을 경우 기분이 어떨지를 이야기한다.

4. 치킨을 먹고 싶어 하는 얼굴 표정 그림을 제시하고 다음으로는 치킨을 먹는 행
   복한 얼굴의 그림 카드를 제시한 후 그 아동이 어떤 얼굴 표정을 할지 이야기하
   도록 한다.

5. 4와 같은 상황에서 얼굴 표정이 없는 그림 자료를 보면서 주인공의 감정을 예측
   하고 표현하도록 한다.

6. 장난감 인형 모형을 가지고 아동들이 원하는 상황과 원하는 것이 이루어진 상황
   을 실연한다. 그리고 이때 주인공의 감정을 함께 표현하도록 한다.

7. 6의 이야기를 마친 후 아동들에게 각각 자신들이 먹고 싶었던 음식을 표현하도
   록 한다.

8. 먹고 싶었던 음식을 어머니나 아버지께서 사 주셨을 때의 감정을 표현하도록
   한다.

9. 이상의 활동들 중 몇 가지(1~2개) 상황을 설정하여 역할놀이를 한다.

9-1. 교사는 설정된 상황에 대하여 역할놀이의 시범을 보인다.

9-2. 역할을 정한다.

9-3. 교사의 시범에 따라 역할을 수행해 보도록 한다.

9-4. 상황과 역할을 바꾸어 수행한다.

10. 역할놀이를 마친 후 체계적으로 피드백을 주고 강화한다.

11. 활동을 정리한다.

혜원이는 아이스크림을 먹고 싶었답니다.

엄마께서 아이스크림을 주셨습니다. 혜원이는 너무 기뻤습니다.

 확대 활동

내가 좋아하는 음식은 이런 것들이지요.

[활동 Ⅰ-3-②] **내가 갖고 싶은 장난감**(내가 가고 싶은 놀이공원, 내가 하고 싶은 놀이)

🌱 활동명　　내가 갖고 싶은 장난감(내가 가고 싶은 놀이공원/내가 하고 싶은 놀이)

🌱 활동목표　1. 자신이 원하는 것, 바라는 것을 인식하고 표현할 수 있다.

　　　　　　2. 자신이 원하고 바라는 것이 이루어졌을 때의 즐겁고 행복한 감
　　　　　　　정을 인식하고 표현할 수 있다.

🌱 교수자료　• 그림 자료(무엇인가를 원하는 얼굴 표정 그림/행복한 얼굴 표정/얼굴
　　　　　　　표정이 없는 그림)

　　　　　　• 여러 가지 장난감, 놀이공원, 놀이기구, 다양한 놀잇감 그림 혹은
　　　　　　　사진 자료

　　　　　　• 사람 모형

🌱 활동 과정 및 방법

1. 노래를 부르며 활동을 시작한다.

2. 여러 가지 그림 자료를 융판에 제시하면서 교사는 '이 장난감 갖고 싶다.' '이
　놀이공원에 가고 싶다.' '이런 놀이 하고 싶다.' 등의 표현을 사용한다.

3. 관련된 그림 자료를 보여 주면서 주인공이 원하는 것과 원하는 것이 이루어진
　상황을 설명한다.

4. 3과 같은 상황에서 얼굴 표정이 없는 그림 자료를 보면서 주인공의 감정을 예측
　하고 표현하도록 한다.

5. 장난감 인형 모형을 가지고 아동들이 원하는 상황과 원하는 것이 이루어진 상황
　을 실연한다. 그리고 이때 주인공의 감정을 함께 표현하도록 한다.

6. 5의 이야기를 마친 후 아동들에게 각각 자신들이 원하고 바라는 것에 대하여 이
　야기하도록 한다.

7. 원하는 것을 어머니나 아버지께서 들어주셨을 경우 즐거운 감정을 이야기하도
　록 한다.

8. 이상의 활동들 중 몇 가지(1∼2개) 상황을 설정하여 역할놀이를 한다.

　8-1. 교사는 설정된 상황에 대하여 역할놀이의 시범을 보인다.

　8-2. 역할을 정한다.

8-3. 교사의 시범에 따라 역할을 수행해 보도록 한다.

8-4. 상황과 역할을 바꾸어 수행한다.

9. 역할놀이를 마친 후 체계적으로 피드백을 주고 강화한다.

10. 활동을 정리한다.

🌱 확대 활동

내가 좋아하는 것들이 무엇인지 생각해 보세요.

우리 가족이 좋아하는 것은 무엇일까요.

이런 장난감을 갖고 싶어요.

[활동 Ⅰ-3-③] **오늘은 나의 생일 (1)**

🌱 활동명   오늘은 나의 생일
🌱 활동목표   1. 생일과 같은 특정한 상황을 이해하고 그와 관련하여 자신이 원
                 하는 것을 인식하고 표현할 수 있다.
              2. 자신이 원하고 바라는 것이 이루어졌을 때의 즐겁고 행복한 감
                 정을 인식하고 표현할 수 있다.
🌱 교수자료   • 생일 파티용 케이크 모형, 선물용품(문구류, 장난감, 과자 상자 등),
                 풍선
              • 기타 관련 그림 자료

🌱 활동 과정 및 방법
1. 출석을 부르며 생일 축하 노래를 부른다.
2. 교사는 오늘의 활동은 생일 파티임을 설명한다.
3. 아동들과 자신의 생일을 회상해 본다.
4. 역할극으로 생일 파티를 한다.
5. 생일을 맞은 친구와 축하해 줄 친구의 역할을 정한다.
6. 생일 파티를 준비하고 친구들을 맞이한다.
7. 생일에 받고 싶은 선물에 대하여 이야기한다.
8. 케이크의 촛불을 끄고 선물을 주는 시간을 마련한다.
9. 친구들의 선물을 받고 원하는 선물이었는지 아닌지를 표현하도록 한다.
10. 원하는 선물인 경우 즐거워하고 행복해하는 표현을 언어적으로나 얼굴 표정으
    로 표현할 수 있도록 한다.
11. 적절한 반응을 한 경우 촉진한다.
12. 역할을 바꾸어 활동을 진행한다.
13. 체계적으로 피드백을 주고 강화한다.

🌱 확대 활동
• 오늘은 할머니의 생신날

- 오늘은 할아버지의 생신날
- 오늘은 엄마의 생신날
- 오늘은 아빠의 생신날
- 오늘은 친구의 생일날

내가 받고 싶은 생일 선물

[활동 Ⅰ-3-④] **내가 싫어하는 음식/나는 이런 음식을 싫어해요**

🌱 활동명   내가 싫어하는 음식/나는 이런 음식을 싫어해요.

🌱 활동목표   1. 자신의 바람을 인식하고 표현할 수 있다.

2. 바람에 근거하여 바람이 이루어지지 않았을 때의 속상하거나 슬 픈 감정을 인식하고 표현할 수 있다.

🌱 교수자료   • 그림 자료(무엇인가를 원하는 얼굴 표정 그림, 슬픈 얼굴 표정, 얼굴 표정이 없는 그림)

• 다양한 음식 그림 또는 사진(① 피자/사탕/초콜릿/새우깡/짱구/떡볶 이/요구르트/우유/치킨 등 ② 양파, 당근, 시금치, 무김치, 오이)

• 사람 모형

🌱 활동 과정 및 방법

1. 노래를 부르며 활동을 시작한다.

2. 여러 가지 음식 그림 카드를 제시하면서 좋아하는 음식과 싫어하는 음식에 대하 여 이야기한다.

3. 먹고 싶은 음식을 어머니가 주셨을 경우와 먹기 싫은 음식을 주셨을 경우 각각 에 따른 감정을 설명한다.

4. 먹고 싶어 하는 음식을 먹지 못하고 싫어하는 음식을 먹게 된 상황을 제시하고 그에 따른 감정을 이야기하도록 한다.

5. 4와 같은 상황을 다시 제시하고 얼굴 표정이 없는 그림 자료를 보면서 주인공의 감정을 예측하고 표현하도록 한다.

6. 장난감 인형 모형을 가지고 아동들이 원하는 상황과 원하는 것이 이루어지지 않 은 상황을 실연한다. 그리고 이때 주인공의 감정을 함께 표현하도록 한다.

7. 이상의 활동들 중 몇 가지(1~2개) 상황을 설정하여 역할놀이를 한다.

7-1. 교사는 설정된 상황에 대하여 역할놀이의 시범을 보인다.

7-2. 역할을 정한다.

7-3. 교사의 시범에 따라 역할을 수행해 보도록 한다.

7-4. 상황과 역할을 바꾸어 수행한다.

8. 역할놀이를 마친 후 체계적으로 피드백을 주고 강화한다.

9. 활동을 정리한다.

혜원이는 바나나 우유를 먹고 싶었답니다.

그런데 엄마께서 당근 주스를 주셨습니다. 혜원이는 속상했어요.

🌱 확대 활동

내가 싫어하는 음식은 이런 것이지요.

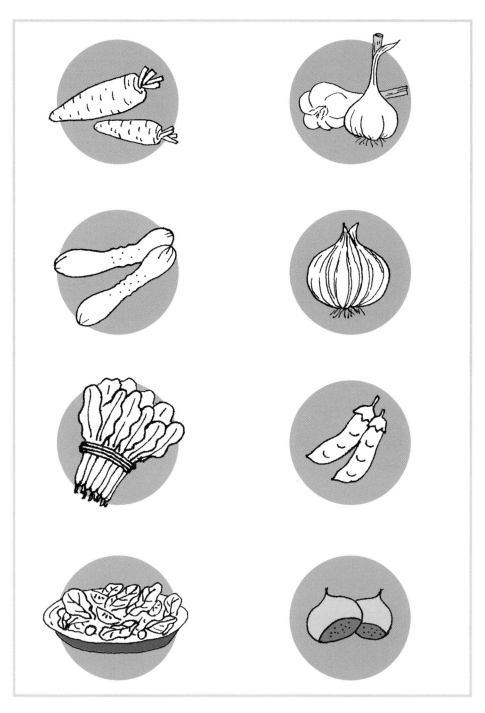

[활동 Ⅰ-3-⑤] **내가 선물로 받고 싶은 장난감이 아니었어요**

🌱 활동명　　내가 선물로 받고 싶은 장난감이 아니었어요.

🌱 활동목표　1. 자신의 바람을 인식하고 표현할 수 있다.

　　　　　　2. 바람에 근거하여 바람이 이루어지지 않았을 때의 속상하거나 슬
　　　　　　픈 감정을 인식하고 표현할 수 있다.

🌱 교수자료　• 그림 자료(무엇인가를 원하는 얼굴 표정 그림/슬픈 얼굴 표정/얼굴 표
　　　　　　정이 없는 그림)

　　　　　　• 다양한 장난감 그림 혹은 사진/놀이기구/기타

　　　　　　• 사람 모형

🌱 활동 과정 및 방법

1. 노래를 부르며 활동을 시작한다.

2. 여러 가지 장난감 그림 카드를 제시하면서 원하는 장난감과 원하지 않는 장난감
　에 대하여 이야기한다.

3. 부모님이나 친지들이 원하는 장난감을 선물로 주셨을 경우와 원하지 않는 장난
　감을 주셨을 경우를 이야기한 후 각각에 따른 감정을 설명한다.

4. 원하는 장난감을 받지 못한 상황을 제시하고 그에 따른 감정에 대하여 이야기하
　도록 한다.

5. 4와 같은 상황을 다시 제시하고 얼굴 표정이 없는 그림 자료를 보면서 주인공의
　감정을 예측하고 표현하도록 한다.

6. 장난감 인형 모형을 가지고 아동들이 원하는 상황과 원하는 것이 이루어지지 않
　은 상황을 실연한다. 그리고 이때 주인공의 감정을 함께 표현하도록 한다.

7. 이상의 활동들 중 몇 가지(1~2개) 상황을 설정하여 역할놀이를 한다.

　7-1. 교사는 설정된 상황에 대하여 역할놀이의 시범을 보인다.

　7-2. 역할을 정한다.

　7-3. 교사의 시범에 따라 역할을 수행해 보도록 한다.

　7-4. 상황과 역할을 바꾸어 수행한다.

8. 역할놀이를 마친 후 체계적으로 피드백을 주고 강화한다.

9. 활동을 정리한다.

🌱 확대 활동

나는 이런 선물을 좋아하지 않아요.

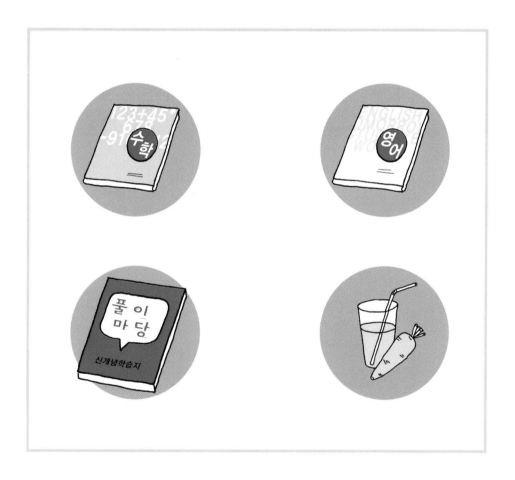

혜수는 공룡 책을 선물로 받고 싶었답니다.

그런데 아빠께서는 자동차 책을 사주셨습니다. 혜수는 속상했어요.

[활동 I-3-⑥] **친구가 원하는 것을 알 수 있어요**

🌱 활동명　　친구가 원하는 것을 알 수 있어요.

🌱 활동목표　1. 다른 사람의 시선을 이해할 수 있다.

　　　　　　2. 다른 사람의 시선을 보고 그 사람이 원하는 것을 알 수 있다.

🌱 교수자료　• 각각 다른 방향을 향하고 있는 얼굴 그림 카드(위, 오른쪽 옆, 왼쪽 옆, 아래를 향하고 있는 얼굴 그림, 시선을 알 수 없는 그림 카드)

　　　　　　• 여러 가지 과자 그림 카드 또는 과자 상자

🌱 활동 과정 및 방법

1. 출석을 부른 후 오늘의 활동에 대하여 설명한다.

2. 130쪽에 제시된 그림 카드를 보여 주며 그림 속 주인공이 무엇을 보고 있는지 이야기를 나눈다.

3. 그림 속 주인공이 무엇을 먹고 싶어 하는지 이야기를 나눈다.

4. 다른 사람의 시선을 보고 그 사람이 원하는 것을 알 수 있다는 것을 설명한다.

5. 2, 3, 4 활동을 가진 후 교사는 "선생님은 초콜릿이 먹고 싶어요."라고 말한 후 초콜릿을 바라보며 연습한다.

6. 아동들에게 선생님이 무엇을 보고 있는지, 무엇을 먹고 싶어 하는지에 대하여 이야기를 나눈다.

7. 교사는 초콜릿과, 시금치 그림 카드를 책상 위에 놓고 초콜릿을 쳐다본다. 선생님이 무엇을 먹고 싶어 하는지에 대하여 이야기를 나눈다.

8. 아동들이 시선의 의미를 알지 못하는 경우 이에 대하여 적절히 설명한다.

9. 책상 위에 아동들이 좋아하는 음식과 싫어하는 음식을 놓아 보도록 하고, 이야기를 나누어 본다.

10. 원하는 음식이 그려져 있는 다양한 그림 카드를 제시한다.

11. 그림 속의 인물이 원하는 음식에 대하여 이야기한다.

12. 적절한 반응에 대하여 피드백을 준다.

13. 활동을 정리한다.

🪴 확대 활동

그림책 속의 주인공이 무엇을 보고 있을까요?

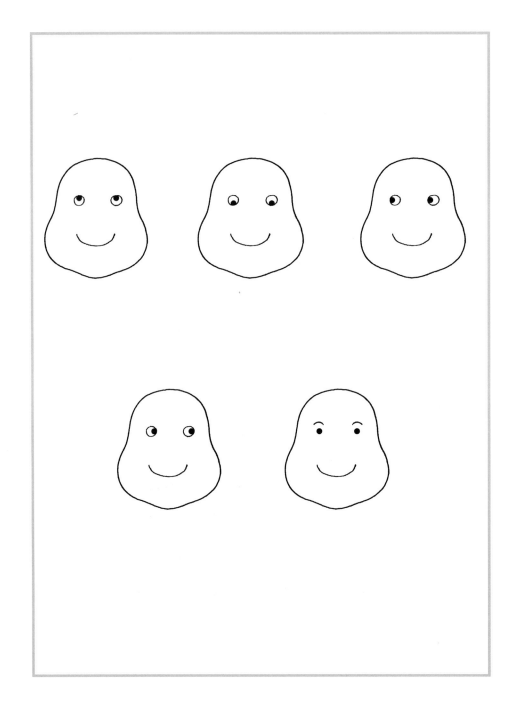

[활동 Ⅰ-3-⑦] **친구의 시선을 그릴 수 있어요**

🌱 활동명   친구의 시선을 그릴 수 있어요.

🌱 활동목표   1. 다른 사람의 바람을 이해하고 자발적으로 표현하도록 한다.

　　　　　　　2. 다른 사람의 시선에 근거한 바람을 그림으로 표현할 수 있다.

🌱 교수자료   색연필, 도화지, 다양한 과자 그림

🌱 활동 과정 및 방법

1. 출석을 부른 후 오늘의 활동을 설명한다.

2. 지난 시간에 사용했던 자료를 보여 주면서 다른 사람의 시선을 통하여 다른 사
   람의 바람을 이야기하도록 한다.

3. 교사는 다른 사람이 무엇을 원하는지 그림으로 표현할 수 있도록 시범을 보인다.

4. 시선이 그려져 있지 않은 얼굴 그림을 제시한다.

5. 얼굴 그림의 친구가 무엇을 먹고 싶어 할지를 이야기한다.

6. 그림의 시선을 통해 친구가 원하는 것을 그림으로 표현한다.

7. 그림을 완성한 후 자신의 그림 속 친구가 원하는 것을 다른 친구들에게 설명한다.

8. 교사는 적절히 피드백을 준다.

9. 활동을 정리한다.

🌱 확대 활동

내가 그린 친구는……

[활동 I-3-⑧] **새 자전거를 갖고 싶은 태민이**

🌱 활동명   새 자전거를 갖고 싶은 태민이

🌱 활동목표   1. 이야기 주인공의 바람을 인식할 수 있다.

　　　　　　2. 이야기 주인공의 바람을 알고 바람의 성취 여부에 따른 감정을
　　　　　　　 인식할 수 있다.

🌱 교수자료   이야기 그림 카드, 이야기글 자료

🌱 활동 과정 및 방법

1. 노래와 출석을 부르며 활동을 시작한다.

2. 그림 자료와 이야기글 자료를 함께 제시하면서 이야기를 들려준다.

3. 각 장면마다 주인공의 바람과 바람에 근거한 감정을 이야기한다.

4. 교사의 시범에 따라 아동들이 각자 나와서 이야기를 꾸며 보도록 한다.

5. 역할놀이를 한다.

　　5-1. 교사는 설정된 상황에 대하여 역할놀이의 시범을 보인다.

　　5-2. 역할을 정한다.

　　5-3. 교사의 시범에 따라 역할을 수행해 보도록 한다.

　　5-4. 상황과 역할을 바꾸어 수행한다.

6. 역할놀이를 마친 후 체계적으로 피드백을 주고 강화한다.

7. 이와 비슷한 상황에 대하여 각자의 경험을 이야기해 보도록 한다.

8. 활동을 정리한다.

🌱 확대 활동

곰돌이를 갖고 싶은 혜수

3단계: 바람에 근거한 감정의 이해

새 자전거를 갖고 싶은 태민이

태민이는 친구들과 같이 자전거를 타고 싶었습니다.

그런데 태민이는 자전거를 탈 수가 없었어요. 왜냐고요?

태민이의 자전거가 망가졌기 때문이지요. 태민이는 새 자전거를 사고 싶었어요. 새 자전거를 사서 친구들에게 자랑도 하고 친구들과 같이 자전거를 타고 싶기도 했거든요.

태민이는 엄마한테 떼를 쓰기 시작했어요.

"새 자전거 사 줘! 새 자전거 사 줘!" 엄마는 "아빠가 저녁 때 자전거를 고쳐 주실 거야."라고 말씀하셨어요.

태민이는 화가 났어요. 싫어!

태민이는 속상해서 울다가 잠이 들었어요.

얼마 후 아빠가 부르시는 소리에 태민이는 잠이 깼어요.

자, 밖에 나가 보자.

태민이는 깜짝 놀랐어요.

마당에는 마치 새로 산 것처럼 잘 고쳐진 자전거가 있었어요.

아빠가 정성스럽게 자전거를 고쳐 주셨나 봐요.

태민이는 자전거를 타고 밖으로 나갔어요.

태민이는 아주 신났어요.

태민이는 너무너무 행복했답니다.

[활동 Ⅰ-3-⑨] **친구의 느낌을 표현할 수 있어요**

🌱 활동명　　친구의 느낌을 표현할 수 있어요.

🌱 활동목표　1. 다른 사람의 바람을 이해하고 표현할 수 있다.

　　　　　　　2. 다른 사람의 바람에 근거한 감정을 이해할 수 있다.

🌱 교수자료　• 두 장면의 그림 카드

　　　　　　　장면 1: 특정한 과자를 보고 있는 그림

　　　　　　　장면 2-1: 바람의 결과, 원하는 과자를 얻은 그림

　　　　　　　장면 2-2: 원하는 과자를 얻지 못한 그림

　　　　　　• 다양한 과자 및 장난감 그림

　　　　　　• 두 장면의 이야기 카드

　　　　　　• 빈 종이, 크레파스 및 색연필

🌱 활동 과정 및 방법

1. 노래와 출석을 부르며 활동을 시작한다.

2. 두 장면의 그림 카드를 보여 주면서 한 장면씩 설명한다.

　　설명하면서 그림 속의 인물이 원하는 것과 결과 그리고 결과에 근거한 감정 상태에 대하여 아동들에게 질문한다.

3. 아동들의 언어적 반응에 대하여 피드백을 준다.

4. 교사는 바람의 결과에 근거한 감정 상태를 그림으로 표현하고 이에 대한 시범을 보인다.

5. 아동들에게 여러 가지 상황을 제시한 후 각각의 바람과 바람에 근거한 감정을 그림으로 표현하도록 한다.

6. 아동들의 그림을 보면서 교사는 얼굴 표정을 시범 보인다.

7. 아동들도 각자 자신들이 그림으로 표현한 감정을 얼굴로 표현하도록 한다.

8. 역할놀이를 한다.

　　8-1. 교사는 설정된 상황에 대하여 역할놀이의 시범을 보인다.

　　8-2. 역할을 정한다.

　　8-3. 교사의 시범에 따라 역할을 수행해 보도록 한다.

8-4. 상황과 역할을 바꾸어 수행한다.

9. 역할놀이를 마친 후 체계적으로 피드백을 주고 강화한다.

10. 활동을 정리한다.

🌱 확대 활동

내가 만든 이야기 : 아동들이 다른 사람이나 자신의 바람과 바람에 근거한 감정에 대하여 이야기를 구성해 보도록 한다.

4단계
믿음에 근거한 감정의 이해

주제	분류번호	활동명
믿음에 근거한 감정의 이해	I-4-①	내 마음을 아는 우리 엄마
	I-4-②	내 마음을 아는 우리 아빠
	I-4-③	오늘은 나의 생일 (2)
	I-4-④	내 마음을 모르는 우리 엄마
	I-4-⑤	내 마음을 모르는 우리 아빠
	I-4-⑥	내 친구는 내 마음을 몰라요
	I-4-⑦	내 생각에 우리 엄마는……
	I-4-⑧	내 생각에 우리 아빠는……
	I-4-⑨	내 생각에 우리 할머니께서는……
	I-4-⑩	우리 엄마와 아빠는 내 마음을 몰라요
	I-4-⑪	햄버거가 먹고 싶은 준혁이
	I-4-⑫	놀이공원에 가고 싶은 혜원이

[활동 Ⅰ-4-①] **내 마음을 아는 우리 엄마**

🌱 활동명   내 마음을 아는 우리 엄마

🌱 활동목표 1. 바람과 믿음에 근거한 기쁜 감정을 인식하고 표현할 수 있다.

2. 바람이나 믿음의 결과에 따른 기쁘거나 행복한 감정을 인식하고 표현할 수 있다.

🌱 교수자료 • 세 장면의 그림 카드 혹은 이야기 카드 4세트

장면 1 : 어머니가 햄버거를 사는 그림 또는 이야기 카드

장면 2 : 아동이 햄버거를 먹고 싶어 하는 바람과 어머니가 사다 주실 것을 믿는 믿음을 설명하는 그림 혹은 이야기 카드

장면 3 : 어머니와 아동이 만나는 과정에서 어머니가 아동에게 햄버거를 주시는 그림 혹은 이야기 카드

• 사람 인형 : 어머니, 남자 아동, 여자 아동

🌱 활동 과정 및 방법

1. 출석과 관련된 노래를 부르며 오늘의 활동을 시작한다.

2. 세 장면의 그림 카드와 그림을 설명한 이야기 카드를 제시한다.

3. 원하는 것과 그것이 이루어질 수 있을 것이라고 생각할 때 느낌을 이야기한다.

4. 원하는 것이 이루어졌을 때의 감정을 이야기하도록 한다.

5. 아동들의 경험을 이야기해 보도록 한다.

6. 아동들의 경험을 회상하면서 그러한 상황에서의 감정에 대하여 이야기를 나눈다.

7. 인형을 가지고 위의 상황들을 시연한다.

8. 이상의 활동들을 정리하고 한두 상황을 선정하여 역할놀이를 한다.

8-1. 교사는 설정된 상황에 대하여 역할놀이의 시범을 보인다.

8-2. 역할을 정한다.

8-3. 교사의 시범에 따라 역할을 수행해 보도록 한다.

8-4. 상황과 역할을 바꾸어 수행한다.

9. 역할놀이를 마친 후 체계적으로 피드백을 주고 강화한다.

10. 활동을 정리한다.

엄마가 지수에게 줄 햄버거를 사고 있어요.

지수는 햄버거가 먹고 싶어요.

그리고 엄마가 햄버거를 사 주실 거라고 생각해요.

지수는 지금 기분이 어떨까요?

엄마가 지수에게 햄버거를 줍니다.

지수는 어떤 기분일까요?

이야기 이어가기

엄마	나는 생각했어요	나는 ~을 원했어요	엄마는
슈퍼에 가셨어요			
슈퍼에서 ___을 사고 계시지요	엄마가 ___을 줄 거라고 생각했어요	나는 ___을 먹고 싶어요	엄마는 나에게 ___을 줬어요
내 기분은 ___	내 기분은 ___	내 기분은 ___	내 기분은 ___

이야기 이어 가기

아빠	나는 생각했어요	나는 ~을 원했어요	아빠는
백화점에 가셨어요			
백화점에서 _____ 을 사고 계시지요	아빠가 _____ 을 사줄 거라고 생각했어요	나는 _____ 장난감을 갖고 싶어요	아빠는 나에게 _____ 을 줬어요
내 기분은 _____	내 기분은 _____	내 기분은 _____	내 기분은 _____

생각 말하기

엄마와 나는	나는 엄마가 이런 것을 주실 것이라고 생각했어요	나는 이런 것을 먹고 싶어요	엄마는
햄버거를 맛있게 먹었어요	햄버거 메플러리	햄버거	햄버거
나의 기분은	사 주실 거야	먹고 싶어요	지수에게 주어야겠구나
	나의 기분은	나의 기분은	

스크립트 1

장면	내용	감정
장면 1	엄마는 테민이에게 줄 초콜릿을 들고 가십니다.	
장면 2	바람: 테민이는 초콜릿이 먹고 싶었습니다. 믿음: 테민이는 시장에 가신 엄마가 초콜릿을 들고 오신다고 생각했습니다.	이건 생각을 하니 테민이는 행복합니다. 이건 생각을 하니 테민이는 행복합니다.
장면 3	엄마는 테민이에게 초콜릿을 사다 주셨습니다.	테민이는 엄마에게 감사 드렸어요. 너무나 기분이 좋았지요.

스크립트 2

장면	내용	감정
장면 1	엄마는 많은 양의 빵을 사고 있어요. 혜수에게 주려고요.	
장면 2	바람: 혜수는 빵이 먹고 싶었어요. 믿음: 혜수는 혜수가 빵을 많이 들고 오신다고 생각했어요.	이건 생각을 하니 혜수는 행복해요. 혜수는 빵을 많이 먹고 싶어서 행복합니다.
장면 3	엄마는 혜수에게 빵을 많이 사 주셨어요. 혜수는 많이 먹을 수 있어 좋았어요.	혜수는 엄마가 너무 좋아요. 혜수는 기분이 좋았습니다.

[활동 I-4-②] **내 마음을 아는 우리 아빠**

🌱 활동명　　내 마음을 아는 우리 아빠

🌱 활동목표　1. 바람과 믿음에 근거한 기쁘고 행복한 감정을 인식하고 표현할
　　　　　　　　 수 있다.

　　　　　　　2. 바람이나 믿음의 결과에 따른 기쁘고 행복한 감정을 인식하고
　　　　　　　　 표현할 수 있다.

🌱 교수자료　• 세 장면의 그림 카드/이야기 카드

　　　　　　　 장면 1: 아버지가 장난감 자동차를 사고 있는 장면

　　　　　　　 장면 2: 아동이 장난감 자동차를 갖고 싶어 하는 바람과 아버지
　　　　　　　　　　　가 사다 줄 것을 믿는 믿음을 설명하는 장면

　　　　　　　 장면 3: 아버지와 아동이 만나는 과정에서 아버지가 아동에게 장
　　　　　　　　　　　난감 자동차를 주는 장면

　　　　　　　• 사람 인형: 아버지, 남자 아동, 여자 아동

🌱 활동 과정 및 방법

1. 노래를 부르며 활동을 시작한다.

2. 세 장면의 그림 카드 혹은 상황을 설명한 이야기 카드를 제시하면서 장면 2에서
　 아동이 느끼는 감정과 장면 3에서 느끼는 감정을 이야기한다.

3. 그와 유사한 다른 상황을 이야기해 보도록 한다.

4. 아동들의 경험을 회상하면서 그러한 상황에서의 감정에 대하여 이야기를 나
　 눈다.

5. 아버지 모형과 아동 모형 인형을 가지고 위의 상황들을 시연한다.

6. 이상의 활동들을 정리하고 역할놀이를 한다.

　　6-1. 교사는 설정된 상황에 대하여 역할놀이의 시범을 보인다.

　　6-2. 역할을 정한다.

　　6-3. 교사의 시범에 따라 역할을 수행해 보도록 한다.

　　6-4. 상황과 역할을 바꾸어 수행한다.

7. 역할놀이를 마친 후 체계적으로 피드백을 주고 강화한다.

8. 활동을 정리한다.

아빠는 혜수에게 줄 장난감 자동차를 사고 계십니다.

혜수는 장난감 자동차를 갖고 싶었습니다.

그리고 아빠가 장난감 자동차를

사 줄 거라고 생각합니다.

혜수는 어떤 기분일까요?

아빠는 혜수에게 장난감 자동차를 사 주셨습니다.

혜수는 어떤 기분일까요?

스크립트 3

장면	내용	감정
장면 1	아빠는 수영이에게 줄 장난감을 고르고 계십니다.	
장면 2	수영이는 아빠의 선물을 받고 장난감을 열어 봅니다. 수영: 음... 이건 내가 갖고 싶었던 장난감이 아니에요.	이건 수영이가 원하는 장난감이 아닙니다.
장면 3	아빠는 수영이에게 줄 장난감을 고르고 계십니다.	수영이는 마음이 편하지 않습니다. 왜냐하면 이건 수영이가 원하는 장난감이 아니에요.

[활동 Ⅰ-4-③] 오늘은 나의 생일 (2)

🌱 활동명　　오늘은 나의 생일 (2)

🌱 활동목표　1. 바람과 믿음에 근거한 감정을 인식하고 표현할 수 있다.

　　　　　　2. 바람이나 믿음의 결과에 따른 감정을 인식하고 표현할 수 있다.

🌱 교수자료　• 세 장면의 그림 카드/이야기 카드

　　　　　　장면 1: 친구가 생일 선물 준비를 하고 있는 장면(필통을 사고 있음)

　　　　　　장면 2: 생일 선물로 필통을 받고 싶어 하는 장면과 친구가 필통

　　　　　　　　　을 줄 것이라고 생각하는 장면

　　　　　　장면 3: 친구가 생일 선물로 필통을 주는 장면

🌱 활동 과정 및 방법

1. 노래를 부르며 활동을 시작한다.

2. 생일이라는 특정한 상황을 설정하여 활동을 시작한다.

3. 세 장면의 그림 카드 혹은 그림을 설명한 이야기 카드를 제시하면서 바람과 믿음이 일치한 경우의 감정 및 바람이 이루어진 경우의 감정을 이야기한다.

4. 아동들의 경험을 이야기해 보도록 한다(예: 내 생일에 이런 일이 있었어요.).

5. 아동들의 경험을 회상하면서 그러한 상황에서의 감정에 대하여 이야기를 나눈다.

6. 모형 인형을 가지고 위의 상황들을 시연한다.

7. 이상의 활동들을 정리하고 역할놀이를 한다.

　　7-1. 교사는 설정된 상황에 대하여 역할놀이의 시범을 보인다.

　　7-2. 역할을 정한다.

　　7-3. 교사의 시범에 따라 역할을 수행해 보도록 한다.

　　7-4. 상황과 역할을 바꾸어 수행한다.

8. 역할놀이를 마친 후 체계적으로 피드백을 주고 강화한다.

9. 활동을 정리한다.

혜수는 준혁이 생일선물로 필통을 사고 있습니다.

준혁이는 생일선물로 필통을 받고 싶었습니다.

준혁이는 혜수가 필통을 선물로 줄 것이라고 생각했습니다.

준혁이는 혜수가 필통을 줄 것이라고 생각하니 기분이 좋습니다.

혜수는 준혁이에게 필통을 생일선물로 주고 있습니다.

준혁이는 필통을 생일선물로 받고 나니 너무도 행복합니다.

스크립트 4—오늘은 준혁이의 생일

장면	내용	감정
장면 1	혜수는 준혁이 생일 선물로 축구공을 사려고 합니다.	
장면 2	바람: 준혁이는 생일 선물로 축구공을 받고 싶어합니다. 믿음: 준혁이는 혜수가 생일 선물로 축구공을 줄 것이라고 생각합니다.	준혁이는 혜수가 생일 선물로 축구공을 줄 것이라고 생각하니까 선물을 받으면 즐거울 것 같다고 생각합니다.
장면 3	혜수는 준혁이에게 생일 선물로 축구공을 줄 수 있습니다.	준혁이는 선물을 받고 너무 즐거워합니다.

스크립트 5—오늘은 혜수의 생일

장면	내용	감정
장면 1	준혁이는 혜수의 생일 선물로 자전거를 사려고 합니다.	
장면 2	바람: 혜수는 생일 선물로 자전거를 받고 싶어합니다. 믿음: 혜수는 준혁이가 생일 선물로 자전거를 줄 것이라고 생각합니다.	혜수는 준혁이가 생일 선물로 자전거를 줄 것이라고 생각하니까 선물을 받으면 즐거울 것 같다고 생각합니다.
장면 3	준혁이는 혜수에게 생일 선물로 자전거를 줄 수 있습니다.	혜수는 선물을 받고 너무 즐거워합니다.

[활동 I-4-④] **내 마음을 모르는 우리 엄마**

🌱 활동명　　내 마음을 모르는 우리 엄마

🌱 활동목표　1. 자신이 원하는 것이 이루어지지 않을 것이라는 생각에 의해 생기는 슬픈 감정을 인식하고 표현할 수 있다.

　　　　　　2. 바람이나 믿음의 결과에 따른 슬프거나 속상한 감정을 인식하고 표현할 수 있다.

🌱 교수자료　• 세 장면의 그림 카드/이야기 카드

　　　　　　장면 1: 어머니가 슈퍼마켓에서 토마토를 사고 계시는 장면

　　　　　　장면 2: 아동의 바람(바나나를 먹고 싶어 함)과 믿음(토마토를 사고 계실 것이라고 생각함)을 설명하는 장면

　　　　　　장면 3: 어머니가 아동에게 토마토를 주는 장면

　　　　　　• 사람 인형: 어머니, 남자 아동, 여자 아동

🌱 활동 과정 및 방법

1. 노래를 부르며 활동을 시작한다.

2. 세 장면의 그림 카드 혹은 그림을 설명한 이야기 카드를 제시하면서 바람과 믿음이 다른 경우의 감정 및 바람이 이루어지지 않은 상황에서의 감정을 이야기한다.

3. 아동들의 경험에 근거하여 2와 같은 상황을 구성한다.

4. 아동들의 경험을 회상하면서 그러한 상황에서의 감정에 대하여 이야기를 나눈다.

5. 인형을 가지고 위의 상황들을 시연한다.

6. 이상의 활동들을 정리하고 역할놀이를 한다.

　　6-1. 교사는 설정된 상황에 대하여 역할놀이의 시범을 보인다.

　　6-2. 역할을 정한다.

　　6-3. 교사의 시범에 따라 역할을 수행해 보도록 한다.

　　6-4. 상황과 역할을 바꾸어 수행한다.

7. 역할놀이를 마친 후 체계적으로 피드백을 주고 강화한다.

8. 활동을 정리한다.

혜원이 엄마는 토마토를 사십니다.

혜원이는 맛있는 바나나를 먹고 싶었습니다.

그런데 혜원이는 엄마가 토마토를 사주실 것 같았습니다.

이런 생각을 하니 혜원이는 속이 상했어요..

왜냐하면 엄마가 혜원이의 마음을 모르는 것 같았거든요.

엄마는 혜원이에게 토마토를 주셨습니다.

혜원이는 정말 속이 상했어요.

엄마는 혜원이 마음도 모르고 또 토마토를 주셨군요.

스크립트 6

장면	내용	감정
장면 1	해안선이 엄마는 토마토를 샀습니다.	해안선이 엄마는 토마토를 사십습니다.
장면 2	엄마: 해안선아 바나나를 먹고 싶어습니다. 음음: 그런데 해안선이는 토마토를 사 왔습니다. 해안선이는 토마토를 사 왔습니다.	이건가 중 하니 해안선이는 수 이상했어요. 그러면 해안선이 엄마의 마음. 해안선이가 해안선이 마음 더 먼저 것 같아요. 여드거요.
장면 3	엄마는 해안선이에게 토마토를 샀습니다.	해안선이 엄마의 마음은 더 먼저 더 토마토를 샀습니다. 해안선이는 것 같습니다.

스크립트 7

장면	내용	감정
장면 1	해수 엄마는 샴푸에서 생선을 샀습니다.	이건가 중 하니 해수는 수 이상했어요. 그러면 해수의 마음.
장면 2	엄마: 해수야 치킨이 먹고 싶어습니다. 음음: 그런데 해수 치킨 사 왔습니다. 해수가 해 온 생선을 샀습니다.	그런데 해수가 해수의 마음 더 먼저거요. 해수가 해수의 마음 더 먼저 것 같아요. 해수의 마음은 더 먼저 더 생선이 사 것 같아요.
장면 3	엄마는 해수야 자반생선이 있어습니다.	생선이 더 먼저 더 생선이 사 것 같아요. 해수 수 것 같습니다.

[활동 Ⅰ-4-⑤] **내 마음을 모르는 우리 아빠**

🌱 활동명   내 마음을 모르는 우리 아빠
🌱 활동목표   1. 자신이 원하는 것이 이루어지지 않을 것이라는 생각에 의해 생기는 슬픈 감정을 인식하고 표현할 수 있다.
                2. 바람이나 믿음의 결과에 따른 슬프거나 속상한 감정을 인식하고 표현할 수 있다.
🌱 교수자료   • 세 장면의 그림 카드/이야기 카드
                장면 1: 아버지가 홍삼을 사고 계시는 장면
                장면 2: 아동의 바람(초콜릿을 먹고 싶어 함)과 믿음(아빠는 홍삼을 사고 계실 것이라고 생각함)을 설명하는 장면
                장면 3: 아빠가 홍삼을 꺼내시는 장면
                • 사람 인형: 아버지, 남자 아동, 여자 아동

🌱 활동 과정 및 방법

1. 노래를 부르며 활동을 시작한다.
2. 세 장면의 그림 카드 혹은 그림을 설명한 이야기 카드를 제시하면서 교수자료 장면 2에서의 감정과 장면 3에서의 감정을 이야기한다.
3. 아동들의 경험에 근거하여 2와 같은 상황을 이야기해 보도록 한다.
4. 아동들의 경험을 회상하면서 그러한 상황에서의 감정에 대하여 이야기를 나눈다.
5. 인형을 가지고 위의 상황들을 시연한다.
6. 이상의 활동들을 정리하고 역할놀이를 한다.
    6-1. 교사는 설정된 상황에 대하여 역할놀이의 시범을 보인다.
    6-2. 역할을 정한다.
    6-3. 교사의 시범에 따라 역할을 수행해 보도록 한다.
    6-4. 상황과 역할을 바꾸어 수행한다.
7. 역할놀이를 마친 후 체계적으로 피드백을 주고 강화한다.
8. 활동을 정리한다.

지수 아빠는 홍삼을 사고 계십니다.

지수는 초콜릿이 먹고 싶습니다.

그런데 아빠는 초콜릿을 사 오실 것 같지 않습니다.

몸에 좋은 홍삼을 사 오실 것 같거든요.

이런 생각을 하니 지수의 기분이 _____

아빠는 정말 홍삼만 사 오셨습니다.

지수의 기분은 [   ]

왜냐하면 아빠는 지수의 마음을 잘 모르고 아빠가 좋아하는 것만 사 오셨으니까요.

[활동 Ⅰ-4-⑥] **내 친구는 내 마음을 몰라요**

🌱 활동명　　　내 친구는 내 마음을 몰라요.
🌱 활동목표　　1. 자신이 원하는 것이 이루어지지 않을 것이라는 생각에 의해 생
　　　　　　　　　기는 슬프거나 속상한 감정을 인식하고 표현할 수 있다.
　　　　　　　　2. 바람이나 믿음의 결과에 따른 슬프거나 속상한 감정을 인식하고
　　　　　　　　　표현할 수 있다.
🌱 교수자료　　• 세 장면의 그림 카드/이야기 카드
　　　　　　　　장면 1: 친구가 문구점에서 선물을 사고 있는 장면(연필을 사고
　　　　　　　　　　　　있음)
　　　　　　　　장면 2: 아동의 바람(물감)과 믿음(연필을 사 올 것이라고 생각함)을
　　　　　　　　　　　　설명하는 장면
　　　　　　　　장면 3: 친구가 연필을 선물로 주는 장면
　　　　　　　　• 사람 인형: 남자 아동 1, 2, 여자 아동 1, 2

🌱 활동 과정 및 방법

1. 노래를 부르며 활동을 시작한다.
2. 세 장면의 그림 카드 혹은 그림을 설명한 이야기 카드를 제시한다. 교수자료 2에
　서의 감정과 교수자료 3에서의 감정을 이야기한다. 상황에서의 감정을 이야기
　한다.
3. 아동들의 경험에 근거하여 2와 같은 상황을 이야기해 보도록 한다.
4. 아동들의 경험을 회상하면서 그러한 상황에서의 감정에 대하여 이야기를 나
　눈다.
5. 인형을 가지고 위의 상황들을 시연한다.
6. 이상의 활동들을 정리하고 역할놀이를 한다.
　6-1. 교사는 설정된 상황에 대하여 역할놀이의 시범을 보인다.
　6-2. 역할을 정한다.
　6-3. 교사의 시범에 따라 역할을 수행해 보도록 한다.
　6-4. 상황과 역할을 바꾸어 수행한다.

7. 역할놀이를 마친 후 체계적으로 피드백을 주고 강화한다.

8. 활동을 정리한다.

민호는 혜수의 생일 선물로 줄 연필을 사고 있습니다.

혜수는 물감을 갖고 싶습니다.

그런데 지수가 연필을 선물로 줄 것 같습니다.

혜수의 기분은 약간 [   ]

민호는 혜수에게 연필을 주고 있습니다.

혜수의 기분은 약간

[활동 Ⅰ-4-⑦] **내 생각에 우리 엄마는……**

🪴 활동명　　　 내 생각에 우리 엄마는……

🪴 활동목표　　 1. 자신이 원하는 것이 이루어지지 않을 것이라는 생각에 의해 생기는 슬픈 감정을 인식하고 표현할 수 있다.

　　　　　　　 2. 바람의 결과에 따른 감정을 인식하고 표현할 수 있다.

🪴 교수자료　　 • 세 장면의 그림 카드/이야기 카드

　　　　　　　　 장면 1: 어머니가 슈퍼마켓에서 수박을 사고 있는 장면

　　　　　　　　 장면 2: 아동의 바람(수박)과 믿음(양파를 사 올 것이라고 생각함)을 설명하는 장면

　　　　　　　　 장면 3: 어머니가 수박을 주시는 장면

　　　　　　　 • 사람 인형: 어머니 인형, 남자 아동, 여자 아동

🪴 활동 과정 및 방법

1. 노래를 부르며 활동을 시작한다.

2. 세 장면의 그림 카드 혹은 그림을 설명한 이야기 카드를 제시하면서 장면 2에 제시된 바람과 믿음이 다른 경우의 감정을 설명한다.

3. 장면 3에서 바람이 이루어졌을 상황에서의 감정을 설명하고 이야기한다.

4. 아동들의 경험에 근거하여 2, 3과 같은 상황을 이야기해 보도록 한다.

5. 아동들의 경험을 회상하면서 그러한 상황에서의 감정에 대하여 이야기를 나눈다.

6. 모형 인형을 가지고 위의 상황들을 시연한다.

7. 이상의 활동들을 정리하고 한두 상황을 선정하여 역할놀이를 한다.

　　 7-1. 교사는 설정된 상황에 대하여 역할놀이의 시범을 보인다.

　　 7-2. 역할을 정한다.

　　 7-3. 교사의 시범에 따라 역할을 수행해 보도록 한다.

　　 7-4. 상황과 역할을 바꾸어 수행한다.

8. 역할놀이를 마친 후 체계적으로 피드백을 주고 강화한다.

9. 활동을 정리한다.

🌱 확대 활동

1. 장면 2와 장면 3에서의 감정들을 그림으로 표현한다.

2. 이와 같은 상황을 글로 표현한다.

엄마는 혜수에게 줄 수박을 사고 계십니다.

혜수는 수박이 먹고 싶었습니다.

그런데 혜수는 엄마가 양파만 사 올 것이라고 생각했어요.

이렇게 생각하니 혜수의 기분은 조금 속상했어요.

그런데 엄마가 수박을 사 오셨습니다.

혜수는 기분이 아주 좋았습니다.

4단계: 믿음에 근거한 감정의 이해 **181**

스크립트 8 - 생각과 기분을 이야기해요

장면	내용	감정
장면 1	엄마가 슈퍼마켓에 가셨어요. 엄마는 슈퍼마켓에서 _____을 사고 계시죠.	
장면 2	혜수가 먹고 싶은 음식은: _____ 혜수가 생각하는:	혜수의 기분은? _____
장면 3	엄마는 혜수에게 _____을 주셨어요.	혜수의 기분은? _____

[활동 I-4-⑧] **내 생각에 우리 아빠는……**

🌱 활동명   내 생각에 우리 아빠는……

🌱 활동목표   1. 원하는 것과 이루어질 것이라고 생각하는 것이 일치하지 않았을
              경우 이에 근거한 슬프거나 속상한 감정을 인식하고 표현할 수
              있다.
           2. 바람의 결과에 따른 기쁜 감정을 인식하고 표현할 수 있다.

🌱 교수자료   • 세 장면의 그림 카드/이야기 카드
              장면 1: 아버지가 슈퍼마켓에서 아이스크림을 사고 있는 장면
              장면 2: 아동의 바람(아이스크림)과 믿음(홍삼)을 설명하는 장면
              장면 3: 아버지가 아이스크림을 주시는 장면
           • 사람 인형: 아버지 인형, 남자 아동, 여자 아동

🌱 활동 과정 및 방법

1. 노래를 부르며 활동을 시작한다.

2. 세 장면의 그림 카드 혹은 그림을 설명한 이야기 카드를 제시한다.

3. 장면 2에 제시된 바람과 믿음이 다른 경우의 감정을 설명한다.

4. 장면 3에서 바람이 이루어졌을 상황에서의 감정을 설명하고 이야기한다.

5. 아동들의 경험에 근거하여 2, 3과 같은 상황을 이야기해 보도록 한다.

6. 아동들의 경험을 회상하면서 그러한 상황에서의 감정에 대하여 이야기를 나눈다.

7. 인형을 가지고 위의 상황들을 시연한다.

8. 이상의 활동들을 정리하고 역할놀이를 한다.

    8-1. 교사는 설정된 상황에 대하여 역할놀이의 시범을 보인다.

    8-2. 역할을 정한다.

    8-3. 교사의 시범에 따라 역할을 수행해 보도록 한다.

    8-4. 상황과 역할을 바꾸어 수행한다.

9. 역할놀이를 마친 후 체계적으로 피드백을 주고 강화한다.

10. 활동을 정리한다.

🌱 확대 활동

1. 장면 2와 장면 3에서의 감정들을 그림으로 표현한다.

2. 이와 같은 상황을 글로 표현한다.

아빠는 민호에게 줄 아이스크림을 사고 계십니다.

민호는 아이스크림이 먹고 싶었습니다.

그런데 아빠는 홍삼을 사 올 것 같습니다.

이런 생각을 하니 민호의 기분이

그런데 아빠가 아이스크림을 사오셨군요.

민호는 기분이 아주 ⬚

[활동 I-4-⑨] 내 생각에 우리 할머니께서는……

🌱 활동명 내 생각에 우리 할머니께서는……

🌱 활동목표 1. 바람과 믿음이 일치하지 않았을 경우 이에 근거한 슬프거나 속
상한 감정을 인식하고 표현할 수 있다.
2. 바람의 결과에 따른 기쁜 감정을 인식하고 표현할 수 있다.

🌱 교수자료 • 세 장면의 그림 카드/이야기 카드
장면 1: 할머니가 장난감 가게에서 여자 인형(장난감 자동차)을 사
고 계시는 장면
장면 2: 아동의 바람(여자 인형/장난감 자동차)과 믿음(장난감 자동
차/여자 인형)을 설명하는 장면
장면 3: 할머니가 여자 인형(장난감 자동차)을 주시는 장면
• 사람 인형: 할머니 인형, 남자 아동, 여자 아동

🌱 활동 과정 및 방법

1. 노래를 부르며 활동을 시작한다.
2. 세 장면의 그림 카드 또는 그림을 보여 주며 이야기를 나눈다.
3. 장면 2를 보며 이야기 주인공의 감정에 대해 이야기한다.
4. 장면 3에서 바람이 이루어졌을 상황에서의 감정을 설명하고 이야기한다.
5. 아동들의 경험에 근거하여 2, 3과 같은 상황에 대해 이야기를 나눈다.
6. 아동들의 경험을 회상하면서 그러한 상황에서의 감정에 대하여 이야기를 나
눈다.
7. 인형을 가지고 위의 상황들을 시연한다.
8. 이상의 활동들을 정리하고 역할놀이를 한다.
8-1. 교사는 설정된 상황에 대하여 역할놀이의 시범을 보인다.
8-2. 역할을 정한다.
8-3. 교사의 시범에 따라 역할을 수행해 보도록 한다.
8-4. 상황과 역할을 바꾸어 수행한다.
9. 역할놀이를 마친 후 체계적으로 피드백을 주고 강화한다.

10. 활동을 정리한다.

🌱 확대 활동

1. 장면 2와 장면 3에서의 감정들을 그림으로 표현한다.
2. 이와 같은 상황을 글로 표현한다.

할머니는 혜원이에게 줄 인형을 사고 계십니다.

혜원이는 인형을 갖고 싶었어요.

그런데 할머니께서 장난감 자동차를 사 오실까 봐 걱정되었어요.

이때 혜원이의 기분은 약간 좋지 않았답니다.

할머니께서 혜원이가 갖고 싶었던 인형을 사 오셨네요.

혜원이는 기분이 아주 좋았답니다.

[활동 Ⅰ-4-⑩] **우리 엄마와 아빠는 내 마음을 몰라요**

🌱 활동명　　우리 엄마와 아빠는 내 마음을 몰라요.

🌱 활동목표　1. 원하는 것과 원하는 것이 이루어질 것이라고 생각했을 때 느낄
　　　　　　　수 있는 기쁜 감정을 인식하고 표현할 수 있다.

　　　　　　2. 원하는 것이 이루어질 것이라는 믿음이 이루어지지 않았을 때
　　　　　　　느낄 수 있는 슬프거나 속상한 감정을 인식하고 표현할 수 있다.

🌱 교수자료　• 세 장면의 그림 카드/이야기 카드

　　　　　　　장면 1: 어머니(아버지)가 슈퍼마켓에서 양상추를 사고 계시는
　　　　　　　　　　　장면

　　　　　　　장면 2: 아동의 바람(사탕)과 믿음(사탕을 주실 것이라고 생각함)을
　　　　　　　　　　　설명하는 장면

　　　　　　　장면 3: 어머니(아버지)가 슈퍼에서 돌아와서 양상추를 꺼내시는
　　　　　　　　　　　장면

　　　　　　• 사람 인형: 어머니, 아버지, 남자 아동, 여자 아동

🌱 활동 과정 및 방법

1. 노래를 부르며 활동을 시작한다.

2. 세 장면의 그림 카드 또는 그림을 설명한 이야기 카드를 제시하면서 자신이 원
　하는 것이 사탕이고 그것을 엄마가 사 주실 것이라고 생각할 때 느낄 수 있는
　감정을 이야기한다.

3. 원하는 것이 이루어질 것이라고 생각했으나 그러한 생각과 다른 결과에 대한 주
　인공의 감정을 이야기해 본다.

4. 위 상황과 유사한 경험에 대한 이야기를 나눈다.

5. 아동들의 경험을 회상하면서 그러한 상황에서의 감정에 대하여 이야기를 나눈다.

6. 인형을 가지고 위의 상황들을 시연한다.

7. 이상의 활동들을 정리하고 한두 상황을 선정하여 역할놀이를 한다.

　　7-1. 교사는 설정된 상황에 대하여 역할놀이의 시범을 보인다.

　　7-2. 역할을 정한다.

7-3. 교사의 시범에 따라 역할을 수행해 보도록 한다.

7-4. 상황과 역할을 바꾸어 수행한다.

8. 역할놀이를 마친 후 체계적으로 피드백을 주고 강화한다.

9. 활동을 정리한다.

🌱 확대 활동

이럴 때의 내 마음을 그림으로 그렸어요.

엄마는 저녁 식사 때 먹을 음식을 사고 계십니다.

혜원이는 사탕이 먹고 싶었어요.

슈퍼에 가신 엄마가 사탕을 사 오실 거라고 생각했어요.

이런 생각을 하니 기분이 좋았어요.

그런데 엄마는 반찬거리만 사 오셨네요.

혜원이는 속상했답니다.

[활동 Ⅰ-4-⑪] **햄버거가 먹고 싶은 준혁이**

🌱 활동명   햄버거가 먹고 싶은 준혁이

🌱 활동목표   1. 자신이 원하는 것과 원하는 것이 이루어진 것이라고 생각할 때
　　　　　　　　느끼는 기쁜 감정을 인식하고 표현할 수 있다.
　　　　　　　2. 원하는 것이 이루어지지 않았을 때 느낄 수 있는 슬프거나 속상
　　　　　　　　한 감정을 인식하고 표현할 수 있다.

🌱 교수자료   • 세 장면의 그림 카드/이야기 카드
　　　　　　　　장면 1: 어머니(아버지)가 칼국수 집에 가려고 생각하는 장면
　　　　　　　　장면 2: 아동의 바람(햄버거 먹고 싶은 마음)과 믿음(햄버거를 사줄
　　　　　　　　　　　　것이라고 생각함)을 설명하는 장면
　　　　　　　　장면 3: 어머니(아버지)가 칼국수 집에 데려가는 장면
　　　　　　　• 사람 인형: 어머니, 아버지, 남자 아동, 여자 아동

🌱 활동 과정 및 방법

1. 노래를 부르며 활동을 시작한다.
2. 세 장면의 그림 카드 또는 그림을 설명한 이야기 카드를 제시하면서 이야기를
　나눈다.
3. 장면 1과 장면 2를 보며 장면 2에서 이야기 주인공이 느낄 수 있는 감정을 이야
　기한다.
4. 장면 3을 보며 주인공의 감정을 이야기해 본다.
5. 아동들의 경험에 근거하여 2, 3과 같은 상황을 이야기해 보도록 한다.
6. 아동들의 경험을 회상하면서 그러한 상황에서의 감정에 대하여 이야기를 나
　눈다.
7. 인형을 가지고 위의 상황들을 시연한다.
8. 이상의 활동들을 정리하고 역할놀이를 한다.
　8-1. 교사는 설정된 상황에 대하여 역할놀이의 시범을 보인다.
　8-2. 역할을 정한다.
　8-3. 교사의 시범에 따라 역할을 수행해 보도록 한다.

    8-4. 상황과 역할을 바꾸어 수행한다.

9. 역할놀이를 마친 후 체계적으로 피드백을 주고 강화한다.

10. 활동을 정리한다.

🪴 확대 활동

지난 주말에 우리 가족은

아빠는 준혁이와 칼국수를 사 먹으러 가려고 해요.

준혁이는 햄버거가 먹고 싶었어요.

준혁이는 아빠가 햄버거 가게에 데려갈 것이라고 생각했어요.

이런 생각을 하니 준혁이의 기분이 좋아졌어요.

그런데 아빠는 준혁이와 칼국수를 먹으러 가는군요.

준혁의 기분은 좋지 않았습니다.

왜냐하면 아빠는 준혁이 마음을 잘 모르기 때문입니다.

스크립트 9-햄버거 먹고 싶은 준혁이

장면	내용	감정
장면 1	아빠는 준혁이와 함께 맛있는 햄버거를 먹으러 가려고 해요.	
장면 2	준혁이가 먹고 싶은 것은 : _____ 준혁이는 햄버거를 먹고 싶어요. 엄마는 햄버거 대신에 건강한 것을 먹이려고 해요.	준혁이의 기분은? _____
장면 3	예 _____ 아빠는 준혁이와 _____ 갔어요.	준혁이의 기분은? _____

[활동 I-4-⑫] **놀이공원에 가고 싶은 혜원이**

🌱 활동명　　　 놀이공원에 가고 싶은 혜원이

🌱 활동목표　　 1. 자신이 원하는 것과 그것이 이루어질 것이라고 생각할 때 느끼
　　　　　　　 는 즐거운 감정을 이해하고 표현할 수 있다.
　　　　　　　 2. 자신이 바라고 생각했던 것이 이루어지지 않았을 때 느낄 수 있
　　　　　　　 는 슬프거나 속상한 감정을 인식하고 표현할 수 있다.

🌱 교수자료　　 • 세 장면의 그림 카드/이야기 카드
　　　　　　　 장면 1: 어머니(아버지)가 음악회에 가려고 생각하는 장면
　　　　　　　 장면 2: 아동의 바람(놀이공원에 가고 싶은 마음)과 믿음(놀이공원
　　　　　　　　　　　 에 데려갈 것이라고 생각함)을 설명하는 장면
　　　　　　　 장면 3: 어머니(아버지)가 음악회에 데려가는 장면
　　　　　　　 • 사람 인형: 어머니, 아버지, 남자 아동, 여자 아동

🌱 활동 과정 및 방법

1. 노래를 부르며 활동을 시작한다.
2. 세 장면의 그림 카드 또는 그림을 설명한 이야기 카드를 제시하면서 이야기를
　 나눈다.
3. 장면 1과 장면 2를 보면서 이야기 주인공의 기분에 대해 이야기를 나눈다.
4. 장면 3을 보면서 이야기 주인공의 감정에 대해 이야기 나누도록 한다.
5. 아동들과 자신들이 경험했던 유사한 상황을 이야기하도록 한다.
6. 아동들의 경험을 회상하면서 그러한 상황에서의 감정에 대하여 이야기를 나
　 눈다.
7. 인형을 가지고 위의 상황들을 시연한다.
8. 이상의 활동들을 정리하고 역할놀이를 한다.
　 8-1. 교사는 설정된 상황에 대하여 역할놀이의 시범을 보인다.
　 8-2. 역할을 정한다.
　 8-3. 교사의 시범에 따라 역할을 수행해 보도록 한다.
　 8-4. 상황과 역할을 바꾸어 수행한다.

9. 역할놀이를 마친 후 체계적으로 피드백을 주고 강화한다.

10. 활동을 정리한다.

🌱 확대 활동

혜원이네 가족의 지난 주말은

엄마는 혜원이와 함께 음악회에 가려고 합니다.

혜원이는 엄마와 놀이공원에 가고 싶었습니다.

그리고 엄마가 놀이공원에 데려갈 거라고 생각했습니다.

이런 생각을 하니 혜원이는 기분이 좋아졌습니다.

그런데 엄마는 혜원이를 데리고 음악회에 가셨습니다.

혜원이는 기분이 나빠졌습니다.

P/a/r/t 03

믿음이해 교수 프로그램

1단계
시각적 조망 수용

주제	분류번호	활동명
시각적 조망 수용 (다른 사람들이 보고 있는 것은 무엇일까? 어떻게 보일까?)	II-1-①	선생님께서는 무엇을 보고 계실까요?
	II-1-②	선생님께는 어떻게 보일까요?
	II-1-③	식탁 꾸미기
	II-1-④	내 그림을 친구들에게 자랑해요
	II-1-⑤	우리 가족을 소개해요
	II-1-⑥	내가 선생님

[활동 II-1-①] **선생님께서는 무엇을 보고 계실까요?**

🌱 활동명　　선생님께서는 무엇을 보고 계실까요?

　　　　　　내 앞에 계신 선생님께서는 나와 다른 것을 보고 계시지요.

🌱 활동목표　1. 다른 사람의 입장에서 다른 사람이 보고 있는 것을 이해하고 표
　　　　　　　 현할 수 있다.

　　　　　　2. 다른 사람이 볼 수 있는 것과 볼 수 없는 것을 이해하고 표현할
　　　　　　　 수 있다.

🌱 교수자료　앞면과 뒷면에 각기 다른 그림을 붙인 그림 카드(예: 가방/구두, 버스
　　　　　　/케이크, 자동차/수박)

🌱 활동 과정 및 방법

1. 아동들에게 재미있는 게임 형식으로 활동을 소개한다.

2. 앞면에는 신발 그림이, 뒷면에는 가방 그림이 있는 그림 카드의 앞면과 뒷면을
　 모두 보여 준 후 게임을 시작하자고 한다.

3. 아동들 앞에 신발 그림을 보여 주면서 '내가 보고 있는 것은?'에 대해 질문한다
　 (이를 통하여 자신의 시각적 지각을 이해하도록 한다.).

4. 다음으로 "그러면 선생님은 어떤 그림을 보고 있을까요? 맞혀 보세요."라고 하
　 면서 나와 다른 사람의 시각적 지각을 추론해 보도록 한다.

5. 4의 활동을 적절히 수행한 경우, 2, 3, 4에서 교사가 수행한 것과 같은 활동을 아
　 동들이 직접 수행해 보도록 한다.

6. 역할을 바꿔 가면서 활동을 진행한다.

7. 교사는 아동들의 활동 내용에 대하여 적절한 피드백을 주고 강화한다.

8. 활동을 정리한다.

🌱 확대 활동

우리 교실 창문에서 보이는 것

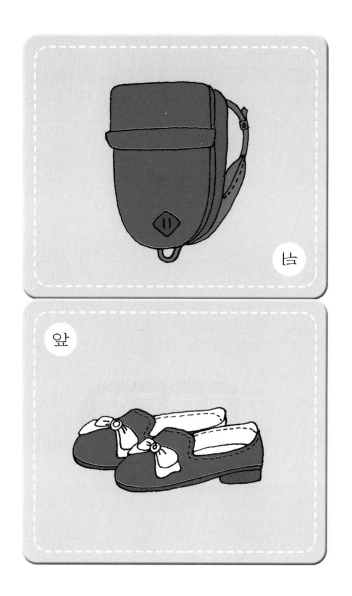

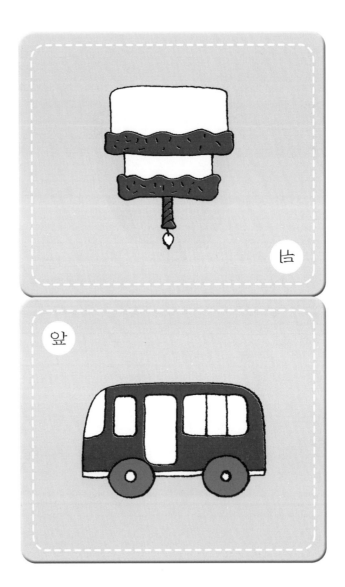

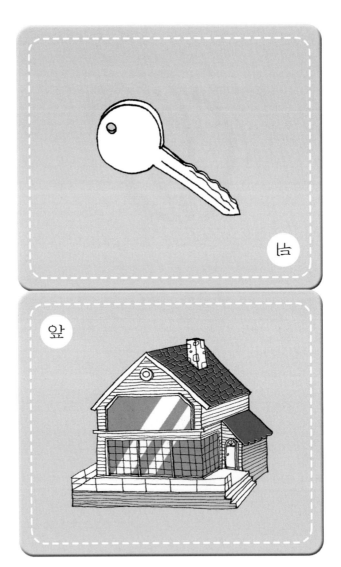

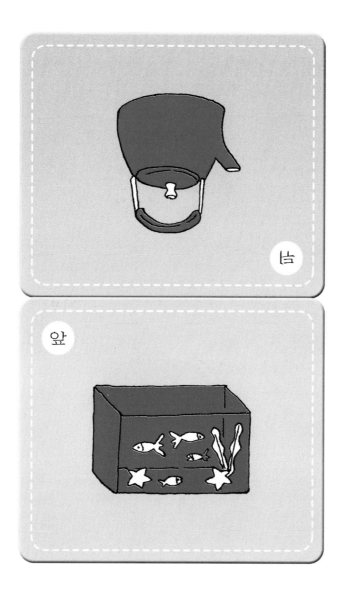

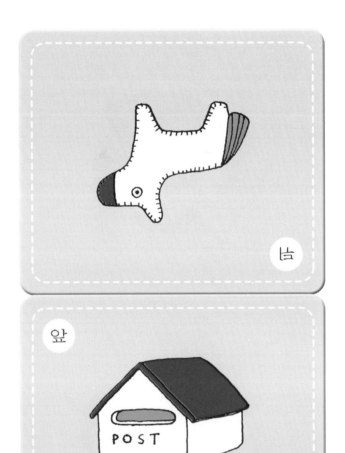

뒤

앞

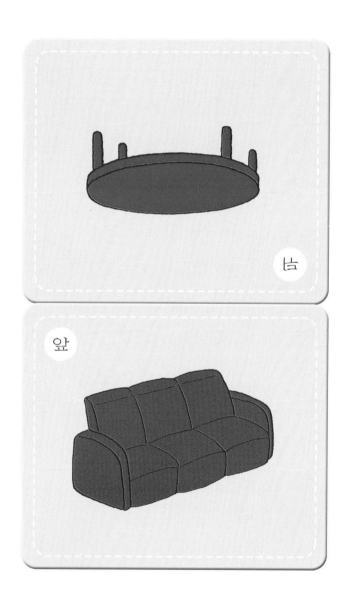

[활동 II-1-②] **선생님께는 어떻게 보일까요?**

🌱 활동명　　선생님께는 어떻게 보일까요?

🌱 활동목표　같은 사물이라도 보는 사람의 위치에 따라 다르게 보일 수 있다는
　　　　　　　것을 이해할 수 있다.

🌱 교수자료　앞면에는 바르게 된 그림과 뒷면에는 거꾸로 된 그림을 붙인 그림
　　　　　　　카드(예: 커피잔, 요구르트병, 냄비)

🌱 활동 과정 및 방법

1. 아동들에게 재미있는 게임 형식으로 활동을 소개한다.

2. 앞면에는 바르게 그려진 그림이, 뒷면에는 거꾸로 그려진 그림이 있는 그림 카
　드의 앞면과 뒷면을 모두 보여 준 후 게임을 시작한다.

3. 아동들에게 그림이 앞면으로 향하도록 한 후 지금 보고 있는 그림이 '어떻게
　보이는지' 질문한다.

4. 선생님은 그림 카드의 뒷면을 보고 있다는 것을 알려 준다. 선생님이 보고 있는
　그림이 선생님에게는 '어떻게 보이는지' 질문한다. 즉, 다른 사람의 시각적 지각
　을 이해할 수 있도록 지도한다.

5. 교사와 아동이 역할을 바꾸어 활동을 진행해 보도록 한다.

6. 교사는 아동들의 활동 내용에 대하여 적절한 피드백을 주고 강화한다.

7. 활동을 정리한다.

🌱 확대 활동

누워 있는 아가에게는 다르게 보여요.

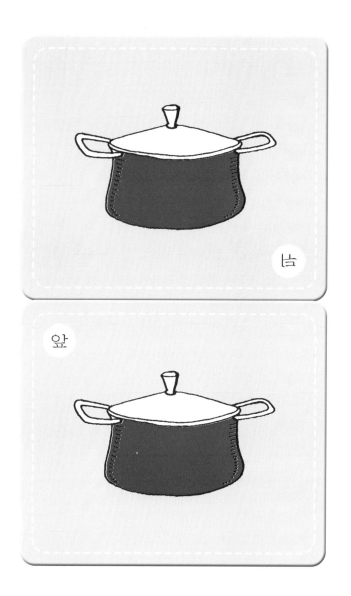

뒤

앞

[활동 II-1-③] **식탁 꾸미기**

🌱 활동명   식탁 꾸미기
🌱 활동목표   1. 다른 사람의 시각적 조망을 이해할 수 있다.
            2. 실제 생활 속에서 다른 사람의 시각적 조망을 고려한 행동을 수
               행할 수 있다.
🌱 교수자료   장난감 그릇, 숟가락과 포크

🌱 활동 과정 및 방법
1. 아동들에게 소꿉놀이를 하자고 제안한다.
2. 소꿉놀이를 하면서 식사를 차리는 활동을 시작한다.
3. 가족을 위한 식탁을 꾸민다.
4. 식탁에 네 명의 가족을 위한 숟가락과 포크를 준비하도록 한다.
5. 아동과 반대편에 있는 자리의 가족을 위하여 숟가락과 포크를 어떻게 놓아야 하
   는지를 설명하고 시범을 보인다.
6. 아동에게 자신과 같은 쪽에 있는 가족의 숟가락과 포크를 준비하고 반대편에 있
   는 자리의 가족의 숟가락과 포크를 준비하도록 한다.
7. 한 아동이 활동을 수행하면 다른 아동들도 차례로 활동을 수행하도록 한다.
8. 역할놀이를 통하여 활동을 연습한다.
   8-1. 각 아동들이 역할을 정하도록 한다(어머니, 아버지, 나, 동생).
   8-2. 교사의 시범과 촉진에 따라 역할놀이를 한다.
   8-3. 상황과 역할을 바꾸어 가며 역할놀이를 한다.
9. 활동을 정리한다.

🌱 확대 활동
우리 집 식탁을 꾸며 봐요.

[활동 II-1-④] **내 그림을 친구들에게 자랑해요**

🌱 **활동명**　　내 그림을 친구들에게 자랑해요.

🌱 **활동목표**　1. 다른 사람의 시각적 조망을 이해할 수 있다.

　　　　　　　2. 실제 생활 속에서 다른 사람의 시각적 조망을 고려한 행동을 수
　　　　　　　　행할 수 있다.

🌱 **교수자료**　아동들이 직접 그린 그림

🌱 **활동 과정 및 방법**

1. 아동들에게 오늘의 활동이 자신의 얼굴을 그리는 것이라고 설명하고 활동을 시
   작한다.

2. 교사는 아동들에게 도화지와 크레파스를 나누어 주고 자신의 얼굴을 그리도록
   한다.

3. 그림 그리기 활동이 진행되면 자신의 그림을 친구들에게 자랑해 보도록 한다.

4. 친구들에게 그림을 보여 줄 때 그림의 앞면이 친구들에게 향하도록 안내한다.
   즉, 아동들이 자신의 그림을 다른 사람에게 보여 줄 때는 친구들에게 그림이 보
   여지도록 제시해야 한다는 것을 설명하고 시범 보인다.

5. 아동들이 한 명씩 교대로 활동을 수행하도록 한다.

6. 교사는 아동들의 활동에 대하여 적절한 촉진과 피드백을 해 준다.

7. 활동을 정리한다.

🌱 **확대 활동**

친구들에게 동화책을 보여 줘요.

[활동 II-1-⑤] **우리 가족을 소개해요**

🌱 **활동명**   우리 가족을 소개해요
🌱 **활동목표**   1. 나와 다른 위치에 있는 사람들은 같은 사물이라도 나와 다른 모
                  습을 볼 수 있다는 것을 이해한다(다른 사람의 시각적 조망을 이해
                  할 수 있다.).
              2. 실제 생활 속에서 다른 사람의 시각적 조망을 고려한 행동을 수
                  행할 수 있다.
🌱 **교수자료**   가족 인형(할머니, 할아버지, 엄마, 아빠, 남자아이, 여자아이)

🌱 **활동 과정 및 방법**
1. 노래를 부르며 활동을 시작한다.
2. 오늘의 활동은 우리 가족을 친구들에게 소개하는 것임을 알려 준다.
3. 교사는 '가족 소개하기'의 시범을 보인다.
4. 아동들도 친구들 앞에서 가족을 소개해 보도록 한다.
5. 가족을 소개하는 동안 다른 아동들의 시각적 조망을 고려할 수 있도록 한다. 즉,
   가족 인형의 앞모습을 친구들이 볼 수 있게 인형을 제시하도록 한다.
6. 교사는 아동들의 활동에 대하여 적절한 촉진과 피드백을 해 준다.
7. 활동을 정리한다.

🌱 **확대 활동**
내 친구들을 소개해요.

[활동 II-1-⑥] **내가 선생님**

🌱 활동명   내가 선생님
🌱 활동목표   1. 다른 사람의 시각적 조망을 이해할 수 있다.
              2. 실제 생활 속에서 다른 사람의 시각적 조망을 고려한 행동을 수
                 행할 수 있다.
              3. 다른 사람의 역할을 이해하고 수행해 볼 수 있다.
🌱 교수자료   다양한 그림 자료, 그림책

🌱 활동 과정 및 방법
1. 노래를 부르며 활동을 시작한다.
2. 오늘의 활동은 '내가 선생님' 이라는 것을 알려 주고 선생님 역할에 대하여 설명
   한다.
3. 선생님 역할에 대하여 시범을 보인다.
4. 선생님 역할을 할 아동을 선정한다.
5. 선생님 역할을 맡은 아동이 그림 자료를 다른 아동들에게 보여 주고 설명하는
   활동을 진행한다. 활동을 진행하는 동안 다른 아동들에게 그림이 잘 보이는지,
   적절한 위치에서 자료를 제시하고 있는지를 확인하면서 진행하도록 한다.
6. 아동들이 한 명씩 교대로 활동을 수행하도록 한다.
7. 교사는 아동들의 활동에 대하여 적절한 촉진과 피드백을 해 준다.
8. 활동을 정리한다.

🌱 확대 활동
내가 엄마/내가 아빠

2단계
경험을 통한 인식의 이해

[활동 II-2-①]   **무엇을 감추었을까요? (1)**

🌱 활동명   무엇을 감추었을까요? (1)

🌱 활동목표   1. 시각이나 경험을 통하여 어떠한 사실을 알게 된다는 것을 이해
　　　　　　　 한다.
　　　　　　 2. 자신이 경험하지 않은 것은 알 수 없다는 것을 이해한다.

🌱 교수자료   서로 다른 두 개의 장난감 쌍들(예: 장난감 자동차와 인형, 개와 고양
　　　　　　 이, 사과와 배), 빈 상자

🌱 활동 과정 및 방법

1. 활동을 소개한다.

2. 두 개의 장난감을 보여 주고 이 중 한 개를 빈 상자에 감춘다는 것을 설명한다.

3. 숨기는 과정을 보도록 한 후 무엇을 숨겼는지 이야기 나눈다(숨기는 것을 보았기 때
　 문에 알 수 있다는 것을 설명한다.).

4. 아동들에게 눈을 감도록 하고 눈을 감고 있는 동안 두 개의 장난감 중 한 가지를
　 감춘다.

5. 눈을 뜨도록 한 후 어떤 장난감을 감추었는지 알아맞혀 보도록 한다.

6. 맞히지 못할 경우에 대하여 설명해 준다. 즉, 무엇을 감추는지를 보지 않았기 때
　 문에 알 수 없는 것이 자연스러운 결과임을 설명한다.

7. 다른 장난감을 이용하여 다시 한 번 시범을 보이고 질문하는 과정을 연습한다.

8. 역할놀이를 통하여 활동을 연습한다.

　　8-1. 각 아동들이 역할을 정하도록 한다(숨기는 사람과 찾는 사람).

　　8-2. 역할을 수행한다.

　　8-3. 교재와 역할을 바꾸어 가며 역할놀이를 한다.

9. 활동을 정리한다.

🌱 활동 시 유의점

　일반적으로 아동들은 자신이 모른다는 것을 잘못한 것으로 이해하는 경향이 있으
므로 이에 대하여 충분히 이해하고 수용할 수 있도록 연습하고 설명하여야 한다.

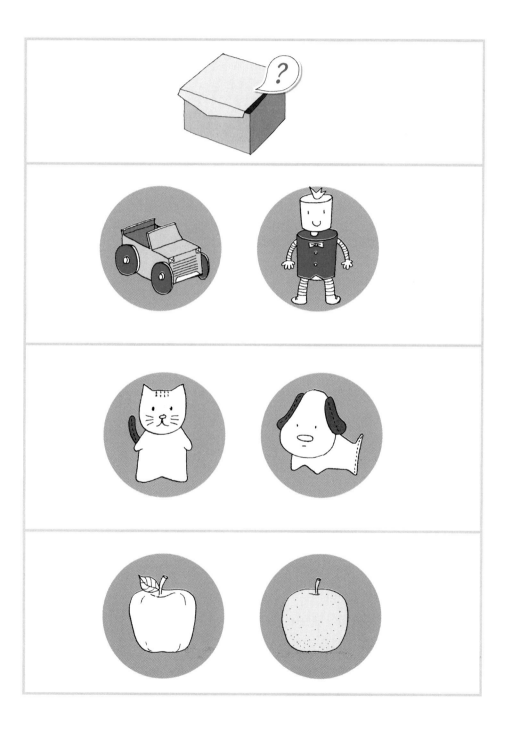

[활동 II-2-②] **무엇을 감추었을까요? (2)**

🌱 활동명　　무엇을 감추었을까요? (2)

🌱 활동목표　1. 시각이나 직접적인 경험을 통하여 어떠한 사실을 알게 된다는
　　　　　　　　것을 이해한다.
　　　　　　　2. 자신이 경험하지 않은 것은 알 수 없다는 것을 이해한다.

🌱 교수자료　• 크기가 다른 물건 쌍(예: 크레파스 1쌍, 크기가 다른 블록 1쌍)
　　　　　　　• 색깔이 다른 물건 쌍(예: 색깔이 다른 블록 1쌍, 색깔이 다른 형광펜
　　　　　　　　1쌍)
　　　　　　　• 빈 상자

🌱 활동 과정 및 방법

1. '숨기기와 알아맞히기' 활동을 소개한다.

2. 크기가 다른 두 개의 장난감을 보여 주고 이 중 한 개를 빈 상자에 감춘다는 것
　을 설명한다.

3. 숨기는 과정을 보여 주면서 무엇을 감췄는지 이야기 나눈다. 숨기는 것을 보았
　기 때문에 무엇을 숨겼는지 알 수 있다는 것을 설명한다.

4. 아동들에게 눈을 감도록 하고 눈을 감고 있는 동안 크기가 다른 두 개의 장난감
　중 한 가지를 감춘다.

5. 눈을 뜨도록 한 후 어떤 크기의 장난감을 감추었는지에 대하여 생각하도록 한다.

6. 맞히지 못하는 것에 대하여 설명해 준다. 즉, 무엇을 감추는지를 보지 않았기 때
　문에 알 수 없는 것이 자연스러운 결과임을 설명한다.

7. 다른 교수자료(예: 색깔이 다른 물건 쌍)를 이용하여 다시 한 번 시범을 보이고 질
　문하는 과정을 연습한다.

8. 역할놀이를 통하여 활동을 연습한다.

　8-1. 각 아동들이 역할을 정하도록 한다(숨기는 사람과 찾는 사람).

　8-2. 역할을 수행한다.

　8-3. 교재와 역할을 바꾸어 가며 역할놀이를 한다.

9. 활동을 정리한다.

🪴 활동 시 유의점

일반적으로 아동들이 자신이 모른다는 것을 잘못한 것으로 생각하는 경향이 있으므로 이에 대하여 충분히 이해하고 수용할 수 있도록 연습하고 설명하여야 한다.

🪴 확대 활동

비밀 상자 놀이

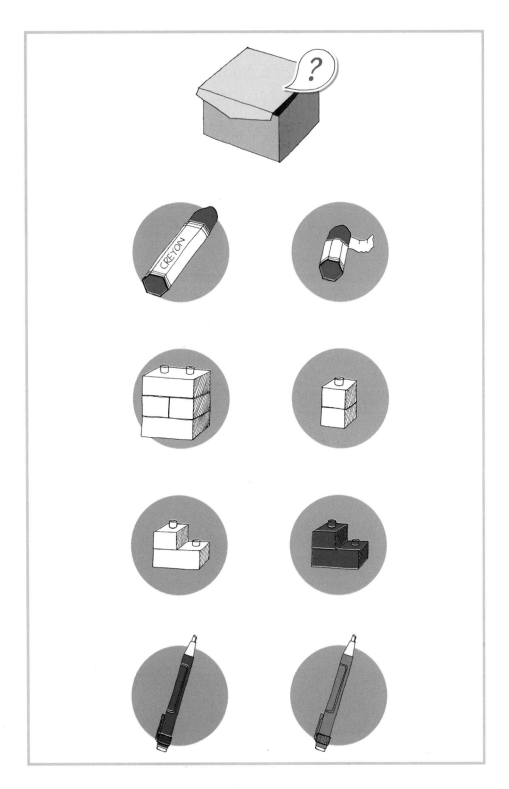

[활동 II-2-③] 친구는 무엇을 감추었는지 알 수 있을까요?

🌱 **활동명**   친구는 무엇을 감추었는지 알 수 있을까요?

🌱 **활동목표**   1. 눈으로 보거나 직접적인 경험을 통하여 어떠한 사실을 알게 된
　　　　　　　　다는 것을 이해한다.

　　　　　　　 2. 다른 사람들도 보거나 경험한 것은 알지만 경험하지 않은 것은
　　　　　　　　알 수 없다는 것을 이해한다.

🌱 **교수자료**   • 두 개의 다른 장난감(개와 고양이, 수박과 참외)

　　　　　　　 • 색깔이 다른 장난감 1쌍(노란색 크레파스와 파란색 크레파스)

　　　　　　　 • 크기가 다른 장난감 1쌍(큰 풀, 작은 풀)

　　　　　　　 • 빈 상자

　　　　　　　 • 친구 역할을 할 인형 1개

🌱 **활동 과정 및 방법**

1. '친구와 숨기기와 알아맞히기 놀이하기' 활동을 소개한다.

2. 교실의 아동 중 숨기기 게임에서 술래 역할을 할 아동을 정한다.

3. 교사는 물건을 감출 수 있는 상자와 두 개의 서로 다른 물건(예: 강아지와 고양이,
　 수박 모형과 참외 모형)을 보여 주고 두 개의 물건 중 하나를 상자 속에 숨기기 게
　 임을 시작한다. 처음에는 술래 역할을 할 아동도 숨기는 과정을 보도록 하여 상
　 자 속에 무엇을 숨겼는지 알 수 있도록 한다.

4. 술래 역할의 아동에게 상자 속에 무엇이 있을지 이야기하도록 한다.

5. 술래 역할을 한 친구가 상자 속에 숨긴 물건을 알 수 있는 것은 숨기는 과정을
　 보았기 때문임을 설명한다.

6. 다음으로는 술래 역할 아동의 눈을 가리고 물건 숨기기 활동을 진행한다.

7. 무엇을 숨겼는지 술래 역할 아동에게 질문한다.

8. 잘 알아맞히지 못할 경우 눈을 가려서 보지 못했기 때문에 알 수 없는 것임을 설
　 명한다.

9. 역할을 바꾸어 활동을 진행한다.

10. 활동을 정리한다.

🪴 확대 활동

엄마는 내가 무엇을 감추었는지 알 수 있을까요?

🪴 활동 시 상호작용의 예

> 교사: 자, 오늘도 숨기기 게임을 하겠어요. 그런데 오늘은 여러분이 숨긴 물건
> 을 알아맞히는 것이 아니라 다른 친구가 숨긴 물건을 알 수 있는지를 생
> 각해 보려고 해요.
>
> 교사: 여기에 혜수가 있구나.
>
> > (인형을 보여 주면서 인형의 이름이 혜수임을 알려 준다.).
>
> 교사: 혜수에게 이 크레파스를 보여 주자.
>
> > 혜수야. 이 크레파스는 노란색이고 이것은 파란색이야.
> >
> > 이 상자 안에 크레파스 중 한 개를 감추려고 해.
> >
> > 혜수는 감추는 것을 보지 마라.
> >
> > (인형을 책상 밑으로 내려놓는다.).

(교사는 아동들이 보는 앞에서 노란색 크레파스를 상자 안에 감춘다.)

> 교사: 혜수 나와라.
>
> > 이제 혜수에게 상자 안에 무엇이 들었는지 보여 주자.

(아동들에게)

> 교사: 혜수가 어떤 색 크레파스를 감추었는지 알 수 있을까?
>
> 아동: 네.
>
> 교사: 어떻게 알았을까?
>
> 아동: 상자 안을 보았잖아요.
>
> 교사: 혜수에게 상자 안에 무엇이 들었는지 보지 못하도록 하자.

(아동들에게)

> 교사 : 혜수가 어떤 색 크레파스를 감추었는지 알 수 있을까?
>
> 아동 : 아니요. 혜수는 몰라요.
>
> 교사 : 왜 알지 못할까?
>
> 아동 : 혜수는 보지 않았잖아요.

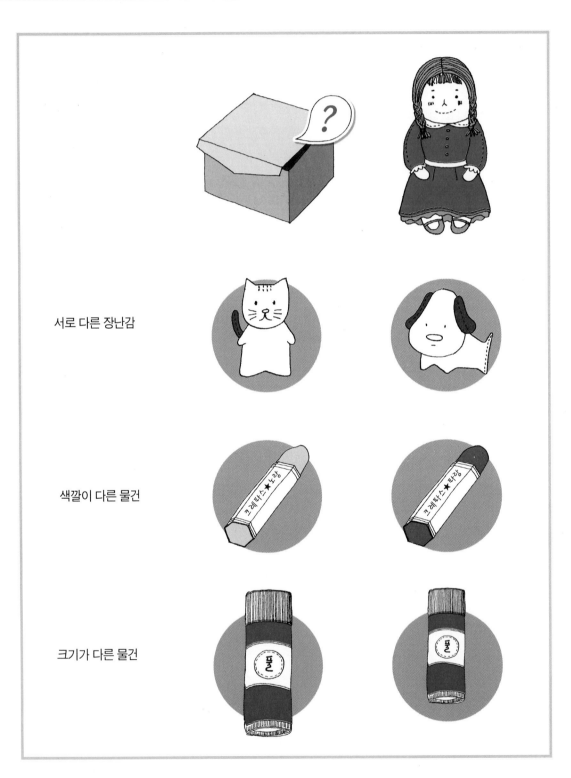

서로 다른 장난감

색깔이 다른 물건

크기가 다른 물건

[활동 II-2-④] **어디에 감추었을까요?**

🌱 활동명　　어디에 감추었을까요?

🌱 활동목표　1. 시각적으로 보거나 직접적인 경험을 해야 사실을 알게 된다는
　　　　　　　　것을 이해한다.
　　　　　　　2. 자신이 경험하거나 본 것은 알 수 있지만 경험하지 않은 것은 알
　　　　　　　　수 없다는 것을 이해한다.

🌱 교수자료　여러 가지 다양한 장난감

🌱 활동 과정 및 방법

1. 오늘의 활동은 어떤 장소에 물건을 숨겼는지 알아맞히고 찾아보는 것임을 소개
　한다.

2. 아동들에게 여러 가지 숨길 물건을 보여 준다.

3. 먼저 아동들이 눈을 감지 않고 교실 내 특정한 장소에 물건을 감추는 것을 보도
　록 한다.

4. 숨긴 물건을 어디에서 찾아야 하는지 이야기하도록 한다.

5. 아동들이 적절하게 반응하는 경우 강화한다. 적절하게 반응하지 못하는 경우 2와
　3의 과정을 반복하고 교사가 숨긴 장소에서 물건을 찾는 과정을 보여 준다.

6. 다음으로는 아동들이 물건을 숨기는 과정을 보지 못하도록 눈을 감도록 한다.

7. 아동들이 보지 못하는 동안 물건을 감추고 눈을 뜬 후에 어디에 감추었는지 이
　야기하도록 한다.

8. 아동들이 알지 못한다고 반응하는 경우 보지 않았기 때문에 알지 못하는 것임을
　설명한다.

9. 역할놀이를 통하여 위의 과정들을 연습한다.

10. 아동들의 활동에 적절한 피드백을 주고 강화한다.

11. 활동을 정리한다.

🌱 활동 시 유의점

아동들이 무엇인가 알지 못한다는 것에 대하여 잘못하고 있다는 생각을 할 수 있다.

이에 대하여 적절히 설명해 주고 사람들이 경험하지 않은 것은 모를 수 있다는 것을 이해할 수 있도록 충분히 설명한다.

🌱 확대 활동

보물 찾기

[활동 II-2-⑤] 내 친구는 숨긴 물건을 찾을 수 있을까요?

🌱 **활동명**   내 친구는 숨긴 물건을 찾을 수 있을까요?

🌱 **활동목표**   1. 다른 사람도 눈으로 보거나 직접적인 경험을 해야 어떠한 사실
을 알게 된다는 것을 이해한다.
2. 다른 사람들도 경험하거나 본 것은 알 수 있지만 경험하지 않은
것은 알 수 없거나 알기 어렵다는 것을 이해한다.

🌱 **교수자료**   여러 가지 장난감

🌱 **활동 과정 및 방법**

1. 오늘의 활동은 특정 장소에 숨긴 장난감을 친구가 찾아낼 수 있는지 알아보는
활동임을 소개한다.
2. 물건을 숨긴 장소를 알아맞히는 술래 역할을 정한다.
3. 교사와 아동들은 여러 가지 장난감을 숨기는 게임을 시작한다. 감추기를 하는
첫 과정에서는 술래 역할을 하는 아동이 이 과정을 볼 수 있도록 한다.
4. 먼저 교사는 모든 아동이 볼 수 있는 적절한 장소에 물건을 감춘다.
5. 물건을 감춘 후 술래 역할을 하는 친구가 어디에 물건을 숨겼는지를 알 수 있는
지 질문한다. 안다고 대답하는 경우 그 이유에 대하여 질문하고 설명한다. 모른
다고 대답한 경우 감추는 과정을 보았기 때문에 어디에 감추었는지를 알 수 있
다고 설명한다.
6. 다시 감추기 게임을 하면서 아동들은 볼 수 있지만 술래 역할을 하는 친구는 물
건 숨기는 장소를 알지 못하도록 눈을 가린다.
7. 술래 역할을 하는 친구가 물건을 감춘 장소를 알 수 있는지 질문한다. 알지 못한
다고 답하는 경우 강화하고 그 이유는 보지 않았기 때문이라고 설명한다.
8. 역할을 교대하며 활동을 연습하도록 한다.
9. 활동을 정리한다.

🌱 **활동 시 유의점**

이 활동은 자신의 입장이 아닌 다른 사람의 견해에서 생각하는 것을 연습하는 과

정이다.

다른 사람의 입장에서 생각하는 것을 강조하면서 활동을 진행한다.

🌱 확대 활동

친구와 함께 보물 찾기

[활동 II-2-⑥] **우리 가족은 내가 숨긴 물건을 찾을 수 있을까요?**

🌱 활동명　　우리 가족은 내가 숨긴 물건을 찾을 수 있을까요?
🌱 활동목표　1. 지각이나 경험을 통하여 어떠한 사실을 알게 된다는 것을 이해
　　　　　　　한다.
　　　　　　2. 다른 사람들도 경험하거나 본 것은 알 수 있지만 경험하지 않은
　　　　　　　것은 알 수 없다는 것을 이해한다.
🌱 교수자료　다양한 장난감, 가족 인형

🌱 활동 과정 및 방법

1. 오늘의 활동을 소개한다.
2. 가족 인형을 보여 주고 우리 가족들이 내가 숨긴 물건을 찾을 수 있는지를 생각
　해 보자고 한다.
3. 교사와 아동들은 여러 가지 장난감을 숨기는 게임을 시작한다. 감추기를 하는
　첫 과정에서는 엄마 인형(아빠 인형/동생 인형)이 이 과정을 볼 수 있도록 한다.
4. 교사는 아동들과 인형이 볼 수 있는 적절한 장소에 물건을 감춘다.
5. 물건을 감춘 후 엄마 인형이 감춘 물건을 찾아올 수 있는지에 대하여 질문한다.
　안다고 대답하는 경우 그 이유에 대하여 질문하고 설명한다. 모른다고 대답한 경
　우 감추는 과정을 보았기 때문에 어디에 감추었는지를 알 수 있다고 설명한다.
6. 다시 감추기 게임을 하면서 아동들은 볼 수 있게 하고 엄마 인형은 물건 감추는
　과정을 보지 못하게 한다.
7. 내가 숨긴 장난감을 엄마 인형이 찾을 수 있는지 질문한다. 찾지 못한다고 답하
　는 경우 강화하고 그 이유는 보지 않았기 때문이라고 설명한다.
8. 역할놀이를 통하여 활동을 연습한다.
　8-1. 역할을 정한다.
　8-2. 활동을 수행하고 연습한다.
　8-3. 역할을 바꾸어 가며 활동을 연습한다.
9. 활동을 정리한다.

 활동 시 유의점

이 활동은 자신의 입장이 아닌 다른 사람의 견해에서 생각하는 것을 연습하는 과정이다.

다른 사람의 입장에서 생각하는 것을 강조하면서 활동을 진행한다.

🌱 확대 활동

우리 가족의 보물 찾기

3단계
실제 믿음의 이해

[활동 II-3-①] 어디에 있는 장난감 자동차를 가지고 놀까?

🌱 활동명   어디에 있는 장난감 자동차를 가지고 놀까?

🌱 활동목표   1. 사람들은 자신이 알고 있는 사실에 근거하여 행동하게 된다는
            것을 이해한다.
            2. 사실과 일치하는 다른 사람의 믿음을 이해할 수 있다.
            3. 사실과 일치하는 믿음에 근거한 다른 사람의 행동을 예측할 수
            있다.

🌱 교수자료   • 커다란 장난감 집
            • 인형 집 안에 놓인 다양한 가구들(책상, 침대, 냉장고, 싱크대 등)
            • 모양과 색깔이 같은 장난감 쌍들(자동차 쌍/크레파스 쌍/인형 쌍)

🌱 활동 과정 및 방법

1. 오늘의 활동은 어디에 있는 장난감 자동차를 가지고 놀아야 하는지를 생각하는
   활동임을 설명하고 활동을 시작한다.
2. 장난감 집과 집 안에 놓인 가구들을 설명한다.
3. 가구들 중 침대와 책상 위에 모양과 색깔이 똑같은 장난감 자동차를 각각 한 개
   씩 배치한다.
4. 장난감 자동차를 배치한 후 주인공 인형은 침대에 있는 자동차는 보았지만 책상
   위에 있는 자동차는 보지 못했다고 가정하고 이에 대하여 설명한다.
5. 4의 상황에 근거하여 아동들은 어디에 놓인 장난감 자동차를 가지고 놀아야 하
   는지를 생각하고 이야기한다.
6. 5의 활동에 대하여 적절한 피드백을 준다.
7. 역할놀이를 통하여 연습한다.
   – 연습하는 동안 장난감과 장난감이 배치되는 장소를 다양화한다.
8. 활동을 정리한다.

🌱 활동 시 유의점

설명을 하고 장난감을 배치하는 동안 아동들은 두 개의 장소에 놓인 장난감을 모

두 보고 있으므로 이야기 속 주인공 인형이 한 장소의 것은 보았고 다른 한 장소의 것은 보지 못한다는 가정을 이해하기 어려워할 수 있다.

　이에 대한 적절한 설명과 묘사가 필요하다.

🪴 확대 활동

우리 집 내 비밀 창고

[활동 II-3-②] **준혁이는 어디에 있는 블록을 가져올까?**

🌱 활동명   준혁이는 어디에 있는 블록을 가져올까?
🌱 활동목표   1. 사람들은 자신이 알고 있는 사실에 근거하여 행동하게 된다는
              것을 이해한다.
           2. 사실과 일치하는 다른 사람의 믿음(생각)을 이해할 수 있다.
           3. 사실과 일치하는 믿음에 근거한 다른 사람의 행동을 예측할 수
              있다.
🌱 교수자료   • 커다란 장난감 집
           • 인형 집 안에 놓인 다양한 가구들(책상, 침대, 냉장고, 싱크대 등)
           • 모양과 색깔이 같은 장난감 쌍들(자동차 쌍/크레파스 쌍/인형 쌍)

🌱 활동 과정 및 방법
1. 오늘의 활동은 준혁이라는 친구의 행동을 생각해 보는 활동임을 설명한다.
2. 장난감 집과 집 안에 놓인 가구들을 설명한다.
3. 가구들 중 침대와 책상 위에 모양과 색깔이 똑같은 블록을 각각 한 개씩 배치
   한다.
4. 준혁이라는 친구를 가장한 인형이 학교에 갔다가 돌아오는 상황을 설정한다. 이
   때 준혁이는 학교 가기 전 책상 위에 있는 블록은 보았지만 침대 위에 있는 블록
   은 보지 못한 상태로 학교에 다녀왔다고 가정하고 이에 대하여 설명한다.
5. 4의 상황에 근거하여 준혁이가 어디에 놓인 블록을 가지고 놀려고 하는지를 생
   각하고 이야기하도록 한다.
6. 5의 활동에 대하여 적절한 피드백을 준다.
7. 역할놀이를 통하여 연습한다.
   – 연습하는 동안 장난감과 장난감이 배치되는 장소를 다양화한다.
8. 활동을 정리한다.

🌱 확대 활동
준혁이네 비밀 창고

🪴 활동 시 상호작용의 예

교사 : 여기에 준혁이가 있구나. 준혁이는 학교에 갔어요. 학교에 가기 전 준혁
　　　이는 블록을 책상 위에 두고 갔지요. 그런데 동생도 블록을 가지고 놀았
　　　어요. 동생은 가지고 놀던 블록을 준혁이 책상 서랍 안에 넣어두었어요.
　　　준혁이가 학교에서 돌아왔어요.
　　　준혁이는 블록 놀이를 하고 싶어 해요.

교사(다른 사람의 생각 추론하기) : 준혁이는 블록이 어디에 있다고 생각할까?

아동 : 책상 위요.

교사 : 그래요. 준혁이는 책상 위에 블록이 있다고 생각해요. 그럼 책상 서랍
　　　속에도 블록이 있다는 것은 왜 알지 못할까요?

아동 : 책상 서랍에 있는 것은 아직 준혁이가 못 봤기 때문이에요. 그것은 동생
　　　이 넣은 것이기 때문이에요.

교사 : 그래요. 그럼 준혁이는 왜 책상 위에 블록이 있다고 생각할까?

아동 : 준혁이가 가져다 놓았어요.

교사 : 그래요.
　　　(다른 사람의 행동 예측하기) 그러면 준혁이는 어디에 있는 블록을 가지고
　　　놀려고 할까?

아동 : 책상 위요.

교사 : 그래요. 그렇다면 준혁이는 왜 책상 위에 있는 블록을 가지고 놀려고
　　　할까?

아동 : 블록이 책상 위에 있다고 생각했으니까요.

교사 : 그렇구나. 준혁이는 책상 위로 가요.
　　　책상 위에 있는 블록을 꺼낸 뒤 재미있게 블록 놀이를 하는군요.

[활동 II-3-③] **아빠는 어디에 있는 책을 보실까요?**

🌱 활동명   아빠는 어디에 있는 책을 보실까요?

🌱 활동목표   1. 다른 사람들도 그들이 알고 있는 사실에 근거하여 행동하게 된
               다는 것을 이해한다.
            2. 사실과 일치하는 다른 사람의 믿음(생각)을 이해할 수 있다.
            3. 사실과 일치하는 믿음에 근거한 다른 사람의 행동을 예측할 수
               있다.
            4. 가족과 같이 가까운 주변 사람들의 믿음을 이해하고 이에 근거
               한 행위를 예측할 수 있다.

🌱 교수자료   아빠 인형, 엄마 인형, 책 2권, 장난감 집, 집 안에 있는 가구들

🌱 활동 과정 및 방법

1. 다른 사람의 믿음에 근거하여 행위를 예측하는 활동임을 이야기하면서 활동을
   시작한다.
2. 아빠 인형이 출근 전에 침대 위에서 보던 책을 놓고 회사에 가는 장면을 이야기
   한다.
3. 아빠 인형이 출근한 후 엄마 인형이 청소를 하면서 또 하나의 책을 책상 위에 놓
   는 장면을 보여 준다.
4. 아빠 인형이 퇴근한 후 책을 찾는 장면을 보여 준다.
5. 아빠 인형이 어디에 있는 책을 보게 될 것인지에 대하여 아동들에게 질문한다.
6. 아빠가 왜 그곳에 있는 책을 보게 되는지에 대하여 질문한다.
   적절히 반응하지 못하는 경우 아빠 인형이 아침에 책상 위에 책을 놓고 갔기 때
   문에 책상 위에서 책을 찾으려 한다고 설명한다.
7. 역할놀이를 통하여 연습한다.
   7-1. 역할을 정한다.
   7-2. 활동을 수행하고 연습한다.
   7-3. 역할을 바꾸어 가며 활동을 연습한다.
8. 활동을 정리한다.

🪴 확대 활동

우리 아빠의 신문

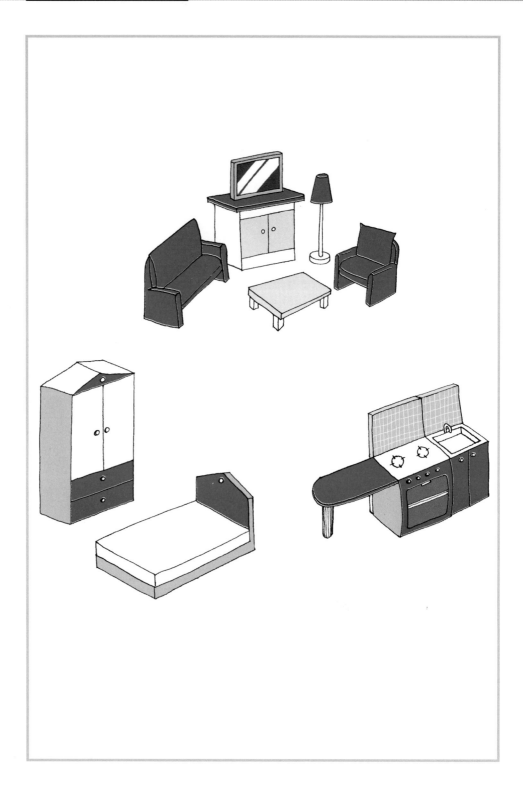

[활동 II-3-④] **엄마는 어디에서 소금을 찾으실까요?**

🌱 활동명 　　부엌놀이(엄마는 어디에서 소금을 찾으실까요?)

🌱 활동목표 　1. 다른 사람들은 자신이 알고 있는 사실에 근거해서 행동한다는
　　　　　　　　 것을 이해한다.
　　　　　　　2. 사실과 일치하는 믿음을 이해할 수 있다.
　　　　　　　3. 사실과 일치하는 믿음에 근거한 다른 사람의 행동을 예측할 수
　　　　　　　　 있다.
　　　　　　　4. 가족과 같이 가까운 주변 사람들의 믿음을 이해하고 이에 근거
　　　　　　　　 한 행위를 예측할 수 있다.

🌱 교수자료 　　가족 인형, 부엌놀이용품

🌱 **활동 과정 및 방법**

1. 활동을 소개한다.
2. 부엌놀이를 시작하면서 상황을 설정한다. 가족들이 식탁 주변에 앉아서 식사를
　 기다리고 있고 엄마는 식사를 준비하는 상황이다.
3. 요리를 하는 과정에서 소금이 필요한 상황을 설정한다.
4. 소금은 식탁 위와 싱크대 위 두 군데에 놓여 있다. 엄마는 싱크대 위에 있는 소
　 금은 보았지만 식탁 위에 있는 소금은 보지 못했음을 설명한다.
5. 엄마가 요리하는 동안 싱크대 위에 있는 소금을 사용하는 과정을 보여 준다.
6. 엄마가 소금을 사용하고 이 소금을 식탁 위에 놓는 과정을 보여 준다.
7. 다시 소금이 필요한 상황에서 엄마는 어디에 있는 소금을 사용하게 될 것인지를
　 질문하고 왜 그렇게 행동하시는지에 대하여 이야기를 나눈다.
8. 아동들의 반응에 대하여 피드백을 준다.
9. 역할놀이를 통하여 활동을 연습한다.
　　9-1. 역할을 정한다.
　　9-2. 활동을 수행하고 연습한다.
　　9-3. 역할을 바꾸어 가며 활동을 연습한다.
10. 활동을 정리한다.

 확대 활동

엄마 화장품

[활동 II-3-⑤] **혜원이는 어디에 있는 지우개를 사용할까?**

🌱 활동명　　혜원이는 어디에 있는 지우개를 사용할까?

🌱 활동목표　1. 다른 사람들은 자신이 알고 있는 사실에 근거하여 행동하게 된
　　　　　　　　다는 것을 이해한다.
　　　　　　　2. 사실과 일치하는 믿음을 이해할 수 있다.
　　　　　　　3. 사실과 일치하는 믿음에 근거하여 다른 사람의 행동을 예측할
　　　　　　　　수 있다.
　　　　　　　4. 친구와 같이 가까운 주변 사람들의 믿음을 이해하여 다른 사람
　　　　　　　　의 행동을 예측할 수 있다.

🌱 교수자료　　친구 인형, 책상과 의자, 필통, 손주머니 등

🌱 활동 과정 및 방법

1. 활동을 소개한다.
2. 학교놀이를 시작하면서 상황을 설정한다. 학교에서 친구들이 책상에 앉아서 쓰
　기 활동을 하고 있는 상황이다.
3. 쓰기를 하는 과정에서 지우개가 필요한 상황을 설정한다.
4. 지우개는 필통과 책상 위 두 군데에 놓여 있다. 혜원이는 책상 위에 있는 지우개
　는 보았지만 필통 안에 있는 지우개는 보지 못했음을 설명한다.
5. 아동들에게 쓰기를 하는 동안 혜원이가 책상 위에 있는 지우개를 사용하는 과정
　을 보여 준다.
6. 혜원이가 지우개를 사용하고 이 지우개를 필통 속에 넣는 과정을 보여 준다.
7. 다시 지우개가 필요한 상황에서 혜원이는 어디에 있는 지우개를 사용하게 될 것
　인지와 왜 그런지에 대하여 질문한다.
8. 아동들의 반응에 대하여 피드백을 준다.
9. 역할놀이를 통하여 활동을 연습한다.
　　9-1. 역할을 정한다.
　　9-2. 활동을 수행하고 연습한다.
　　9-3. 역할을 바꾸어 가며 활동을 연습한다.

10. 활동을 정리한다.

🪴 확대 활동

혜원이의 색종이

[활동 II-3-⑥] **초콜릿을 먹어요**

🪴 활동명　　초콜릿을 먹어요

🪴 활동목표　1. 다른 사람들은 자신이 알고 있는 사실에 근거하여 행동하게 된
　　　　　　　다는 것을 이해한다.
　　　　　　2. 사실과 일치하는 믿음을 이해할 수 있다.
　　　　　　3. 사실과 일치하는 믿음에 근거한 다른 사람의 행동을 예측할 수
　　　　　　　있다.
　　　　　　4. 친구와 같이 가까운 주변 사람들의 믿음을 이해하여 다른 사람
　　　　　　　의 행동을 예측할 수 있다.

🪴 교수자료　친구 인형, 엄마 인형, 냉장고, 싱크대, 큰 인형집, 서랍장, 초콜릿
　　　　　　(사탕, 과자 등)

🪴 활동 과정 및 방법

1. 활동을 소개한다.
2. 준혁이가 학교에 가기 전에 초콜릿을 냉장고에 보관하는 장면을 이야기한다.
3. 준혁이가 학교에 간 사이 준혁이 어머니는 준혁이의 책상 위에도 초콜릿을 놓
　아 두신다.
4. 학교에서 돌아온 준혁이는 초콜릿을 먹으려고 한다. 이때 준혁이는 어디에 있는
　초콜릿을 먹게 될지에 대하여 질문하고 이야기를 나눈다.
5. 아동들의 적절한 반응을 강화한다. 준혁이가 왜 냉장고에 있는 초콜릿을 먹었는
　지 이야기 나눈다.
6. 책상 위에 있는 초콜릿을 먹지 않은 이유에 대하여 이야기 나눈다.
7. 역할놀이를 통하여 활동을 연습한다.
　　7-1. 역할을 정한다.
　　7-2. 활동을 수행하고 연습한다.
　　7-3. 역할을 교대하며 활동을 연습한다.
8. 활동을 정리한다.

🪴 확대 활동

내가 숨긴 내 물건

4단계

틀린 믿음의 이해

주제	분류번호	활동명
틀린 믿음의 이해 (다른 사람들은 자신이 알고 있었던 것에 따라서 행동하겠지요. 만일 그것이 실제와 다르더라도 말이에요)	II-4-①	사과 모양의 양초
	II-4-②	수박 스펀지
	II-4-③	여러 가지 과일을 먹어요
	II-4-④	고래밥 상자
	II-4-⑤	버터링 쿠키
	II-4-⑥	내 블록 상자
	II-4-⑦	목욕탕에서
	II-4-⑧	학교에서
	II-4-⑨	내 초콜릿 상자
	II-4-⑩	아빠의 옷
	II-4-⑪	엄마의 구두
	II-4-⑫	할머니의 안경
	II-4-⑬	할아버지의 지팡이
	II-4-⑭	준혁이의 장난감 자동차
	II-4-⑮	혜수와 세은이
	II-4-⑯	내가 꾸민 이야기 (1) 우리 가족
	II-4-⑰	내가 꾸민 이야기 (2) 내 친구
	II 4 ⑱	이제 다른 사람의 마음이나 생각을 일 수 있어요

[활동 II-4-①] **사과 모양의 양초**

🌱 활동명　　　사과 모양의 양초

🌱 활동목표　　1. 자신의 틀린 믿음을 이해하고 틀린 믿음에 근거한 자신의 행위
　　　　　　　　　를 생각해 볼 수 있다.
　　　　　　　　2. 다른 사람의 틀린 믿음을 이해할 수 있다.
　　　　　　　　3. 다른 사람의 틀린 믿음에 근거한 행위를 예측할 수 있다.

🌱 교수자료　　사과 모양의 양초, 사과 모양의 스티로폼, 가족 인형

🌱 활동 과정 및 방법

1. 오늘의 활동은 모양과 재료가 다른 것에 대하여 생각해 보는 것임을 설명한다.

2. 사과 모양의 양초를 아동들에게 보여 준다.

3. 사과 모양의 양초를 보여 주면서 이것이 무엇인지 질문한다.

4. 아동들이 사과라고 말하면, 정말 이것이 사과인지 알아보도록 한다.

5. 사과 모양의 양초를 탐색해 보면서 모양은 사과지만 실제로는 양초라는 것을 파
　악할 수 있도록 활동을 진행한다.

6. 스티로폼으로 만든 사과를 보여 주면서 이를 탐색하고 이해하도록 한다.

7. 다른 사람들은(엄마, 동생) 이에 대하여 어떻게 생각할 것인지에 대하여 이야기
　를 나눈다.

8. 활동을 정리한다.

🌱 확대 활동

사과 모양의 초콜릿

[활동 II-4-②] **수박 스펀지**

🌱 활동명   수박 스펀지

🌱 활동목표 1. 자신의 틀린 믿음을 이해하고 틀린 믿음에 근거한 자신의 행위
를 생각해 볼 수 있다.

2. 다른 사람의 틀린 믿음을 이해할 수 있다.

3. 다른 사람의 틀린 믿음에 근거한 행위를 예측할 수 있다.

🌱 교수자료   스펀지로 만들어진 수박

🌱 활동 과정 및 방법

1. 오늘의 활동은 모양과 재료가 다른 것에 대하여 생각해 보는 것임을 설명한다.

2. 엄마 인형이 수박을 쟁반에 담아 내오는 놀이로 활동을 시작한다.

3. 수박 모양의 스펀지를 보여 주면서 '자, 수박 먹자.' 라고 이야기하며 활동을 진
행한다.

4. 활동을 진행하면서 이것이 모양은 수박이지만 실제로는 먹을 수 없는 스펀지로
만들어진 것임을 설명한다.

5. 모양은 수박이지만 재료는 수박이 아닌 스펀지임에 대하여 이야기한다.

6. 우리 주변에 모양과 실제가 다른 여러 가지 물건의 예를 들어 본다(예: 여러 가지
과일 모형, 강아지 모양의 지우개 등).

7. 활동을 정리한다.

🌱 확대 활동

스펀지 바나나

[활동 II-4-③]　**여러 가지 과일을 먹어요**

🌱 활동명　　여러 가지 과일을 먹어요.

🌱 활동목표　1. 자신의 틀린 믿음을 이해하고 틀린 믿음에 근거한 자신의 행위
　　　　　　　　를 생각해 볼 수 있다.

　　　　　　　2. 다른 사람의 틀린 믿음을 이해할 수 있다.

　　　　　　　3. 다른 사람의 틀린 믿음에 근거한 행위를 예측할 수 있다.

🌱 교수자료　여러 가지 과일 모형(재료: 초, 스티로폼, 플라스틱)과 과일

🌱 활동 과정 및 방법

1. 오늘의 활동은 과일 나누어 먹기라는 것을 설명하고 활동을 시작한다.

2. 실제 과일과 과일 모형을 섞어 놓고 먹을 수 있는 과일과 먹을 수 없는 과일을
　나누어 보도록 한다.

3. 아동들이 잘 수행하지 못하는 경우 과일 냄새를 맡거나 껍질을 벗겨 보도록 한다.

4. 실제 과일과 과일 모형의 차이에 대해 이야기를 나눈다.

5. 먹을 수 있는 과일을 나누어 먹는다.

6. 과일을 먹고 난 후 모양은 같지만 실제는 서로 다른 과일과 과일 모형에 대하여
　이야기를 나눈다.

7. 활동을 정리한다.

🌱 확대 활동

여러 가지 과일을 만들어요.

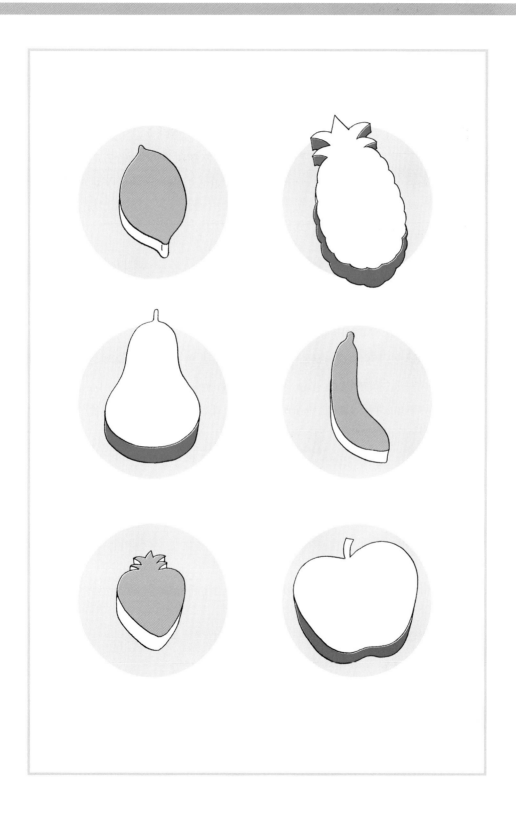

[활동 II-4-④] **고래밥 상자**

🌱 활동명　　　고래밥 상자
🌱 활동목표　　1. 다른 사람의 틀린 믿음을 이해할 수 있다
　　　　　　　　2. 다른 사람의 틀린 믿음에 근거한 행위를 예측할 수 있다.
🌱 교수자료　　고래밥 상자(고래밥이 들어 있는 것), 고래밥 상자(빈 상자)와 지우개

🌱 활동 과정 및 방법
1. 활동을 소개한다.
2. 고래밥이 들어 있는 고래밥 상자를 보여 주면서 이 상자 안에 무엇이 들어 있는
   지 이야기하도록 한다.
3. 아동들의 반응에 촉진한다.
4. 고래밥 상자 안에 고래밥이 아닌 지우개가 들어 있는 상자를 보여 주면서 이 상
   자 안에 무엇이 들어 있는지를 생각해 보도록 한다.
5. 아동들이 '고래밥'이라고 반응하는 경우 고래밥 상자를 열어서 그 안에 고래밥
   이 아닌 지우개가 들어 있는 것을 보여 준다.
6. 이 상자 속을 보지 않았던 다른 사람(자원봉사자)이 등장한다.
7. 자원봉사자에게 이 상자 안에 무엇이 들어 있다고 생각하는지를 질문한다.
8. 자원봉사자가 고래밥이라고 대답한 경우, 사실은 그렇지 않다는 것을 상자를 열
   어서 보여 준다.
9. 8의 상황과 그 이유를 설명하고 이야기를 나눈다.
10. 새로운 등장인물로 위의 활동을 반복한다.
11. 역할놀이를 통하여 활동을 연습한다.
    11-1. 역할을 정한다.
    11-2. 활동을 수행하고 연습한다.
    11-3. 교재와 역할을 바꾸어 가며 활동을 연습한다.
12. 활동을 정리한다.

🌱 확대 활동
크레파스 상자

🌱 활동 시 상호작용의 예

교사 : 오늘은 고래밥을 가지고 이 안에 무엇이 들어 있는지 생각해 보기로 해요.
자, 이 상자 안에 무엇이 들어 있을까?

아동 : 고래밥이요.

교사 : 그래요. 잘 생각했어요(고래밥 상자를 연다.). 고래밥이 들어 있구나. 참
맛있는 고래밥이지요.

교사 : (지우개가 들어 있는 또 다른 고래밥 상자를 꺼낸다.) 자, 그러면 이 상자 안
에는 무엇이 들어 있을까?

아동 : 고래밥이요.

교사 : 그래. 그러면 우리 고래밥 상자를 열어 볼까?
앗! 이게 뭐야? 고래밥 상자 안에 고래밥이 아니라 지우개가 들어 있
네요.

아동 : 지우개요?

교사 : 그러네. 이 상자 안에는 고래밥이 아닌 지우개가 들어 있었네요.

이때 자원봉사자(김 선생님)가 들어온다.

교사 : 자, 그러면 우리 김 선생님께 이 상자 안에 무엇이 들어 있다고 생각하
는지 여쭤 볼까요?

아동 : 네.

교사 : 김 선생님, 이 상자 안에는 무엇이 들어 있을까요?

김 선생님 : 고래밥이요.

아동 및 교사 : 어디 열어 볼까요?

김 선생님 : 어머, 고래밥이 아니라 지우개가 들어 있네요. 몰랐어요.

교사 : 김 선생님은 이 상자 안을 보지 않으셔서 지우개가 있는 것을 모르셨대
요. 사람들은 보지 않은 것은 잘 모르지요. 그리고 사실은 지우개가 들

어 있는데도 고래밥이 들어 있다고 생각할 수도 있어요.

자, 그러면 혜원이에게 또 한 번 물어볼까요?

(혜원이라는 인형을 등장시킨다.)

아동 : 네.

교사 : 혜원아. 이 상자 안에 무엇이 들어 있을까?

혜원이는 이 안에 무엇이 들어 있다고 생각할까?

아동 : 고래밥이요(지우개요).

교사 : 그렇군요. 혜원이가 왜 그렇게 생각했는지 이야기를 나누어 볼까요?

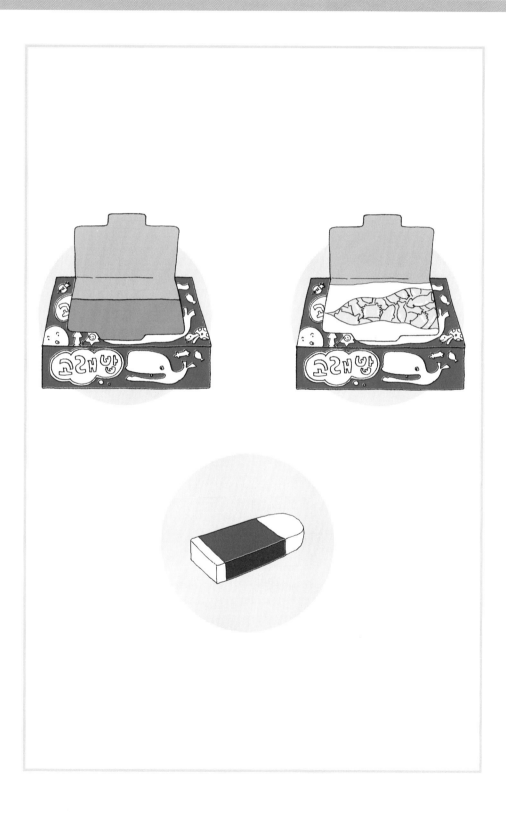

[활동 II-4-⑤] **버터링 쿠키**

🌱 활동명　　　버터링 쿠키
🌱 활동목표　　1. 다른 사람의 틀린 믿음을 이해할 수 있다.
　　　　　　　2. 다른 사람의 틀린 믿음에 근거한 행위를 예측할 수 있다.
🌱 교수자료　　버터링 쿠키 상자(과자가 들어 있는 것), 버터링 쿠키 상자(빈 상자)와
　　　　　　　연필

🌱 활동 과정 및 방법

1. 활동을 소개한다.
2. 버터링 쿠키가 들어 있는 상자를 보여 주면서 이 상자 안에 무엇이 들어 있는지
   이야기 나눈다.
3. 아동들의 반응에 촉진한다.
4. 버터링 쿠키 상자 안에 버터링 쿠키가 아닌 연필이 들어 있는 상자를 보여 주면
   서 이 상자 안에 무엇이 들어 있을지를 생각해 보도록 한다.
5. 아동들이 '버터링'이라고 반응하는 경우 이 상자를 열어서 그 안에 버터링 쿠
   키가 아닌 지우개가 들어 있는 것을 보여 준다.
6. 이 상자를 열었을 때 이곳에 있지 않은 다른 사람(자원봉사자)이 등장한다.
7. 자원봉사자에게 '이 상자 안에 무엇이 들어 있을까? 라고 질문한다.
8. '버터링 쿠키'라고 답하는 경우, 사실은 그렇지 않다는 것을 상자를 열어 알려
   준다.
9. 또 다른 인물을 등장시키고 그 사람은 이 상자 안에 무엇이 들어 있다고 생각할
   지를 이야기하도록 한다.
10. 이 새로운 사람도 상자 안에 연필이 있다는 것을 보지 않았기 때문에 버터링
    쿠키라고 이야기하게 되는 상황에 대하여 이야기 나눈다.
11. 역할놀이를 통하여 활동을 연습한다.
    11-1. 역할을 정한다.
    11-2. 활동을 수행하고 연습한다.
    11-3. 역할을 교대하며 활동을 연습한다.

12. 활동을 정리한다.

🪴 확대 활동

다양한 과자 상자와 물건을 이용하여 활동을 확대할 수 있다.

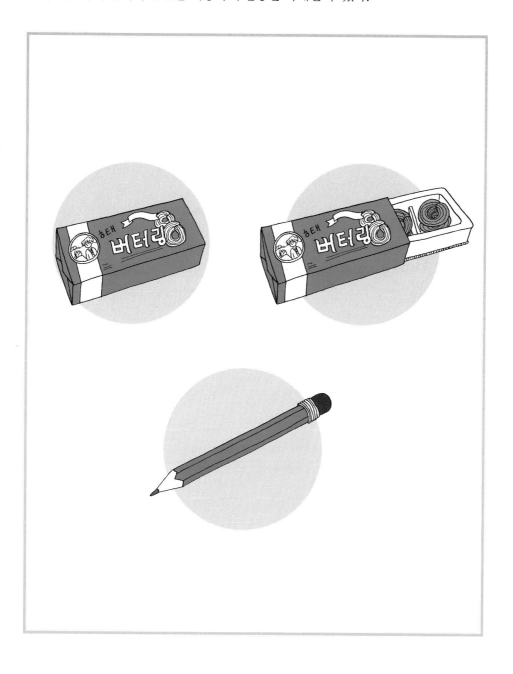

[활동 II-4-⑥] 내 블록 상자

🌱 활동명　　내 블록 상자

🌱 활동목표　1. 다른 사람의 틀린 믿음을 이해할 수 있다.

　　　　　　2. 다른 사람의 틀린 믿음에 근거한 행위를 예측할 수 있다.

🌱 교수자료　블록 상자(블록이 들어 있는 것), 블록 상자(빈 상자)와 작은 공깃돌

🌱 활동 과정 및 방법

1. 활동을 소개한다.

2. 블록이 들어 있는 블록통을 보여 주면서 이 상자 안에 무엇이 들어 있는지, 그리고 다른 사람들은 블록 상자 안에 무엇이 들어 있다고 생각할지 이야기 나눈다.

3. 상자 안에 블록이 아닌 작은 공깃돌이 들어 있는 것을 보여 준 후 뚜껑을 닫고 블록 상자 안에 무엇이 들어 있는지 이야기 나눈다.

4. 아동들의 반응을 촉진하고, 왜 그렇게 생각하는지 이야기 나눈다.

5. 블록 상자에 공깃돌이 들어 있는 것을 보지 않은 새로운 인물(예: 보조 선생님)이 등장한다.

6. 보조 선생님에게 이 상자 안에 무엇이 들어 있다고 생각하는지를 질문한다.

7. 블록이라고 반응하면 상자를 열어 보여 주면서 '사실은 이 안에 공깃돌이 들어 있어요.'라고 말한다.

8. 역할놀이를 통하여 활동을 연습한다.

　　8-1. 역할을 정한다.

　　8-2. 활동을 수행하고 연습한다.

　　8-3. 교재와 역할을 바꾸어 가며 활동을 연습한다.

9. 활동을 정리한다.

🌱 확대 활동

내 도시락통에는……

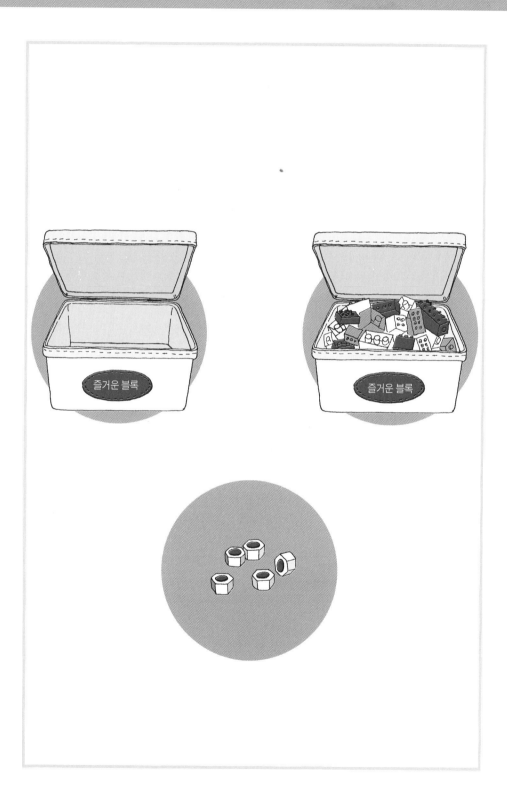

[활동 II-4-⑦] **목욕탕에서**

🌱 활동명   목욕탕에서

🌱 활동목표   1. 자신의 틀린 믿음을 이해하고 틀린 믿음에 근거한 자신의 행위
             를 생각해 볼 수 있다.
             2. 다른 사람의 틀린 믿음을 이해할 수 있다.
             3. 다른 사람의 틀린 믿음에 근거한 행위를 예측할 수 있다.

🌱 교수자료   치약이 들어 있는 치약통, 작은 샴푸가 들어 있는 치약통

🌱 활동 과정 및 방법

1. 오늘의 활동은 목욕탕 놀이임을 설명하며 활동을 시작한다.
2. 목욕탕에서 이 닦는 놀이를 하면서 사용하던 치약 상자에서 새 치약을 꺼내 써
   야 하는 상황을 설정한다.
3. 새 치약을 꺼내기 위하여 치약통을 연다.
4. 치약통에는 치약이 아닌 작은 샴푸가 들어 있다.
5. 아동이 놀라면서 '이것으로 동생을 놀려 봐야지.'라고 생각한다.
6. 동생에게 이 닦기 놀이를 제안한다.
7. 동생에게 치약통을 보여 주며 치약통을 열어 보자고 한다.
8. 이때 아동들에게 "동생이 치약통 안에 무엇이 들어 있다고 생각할까?"라는 질
   문을 한다.
9. 아동들의 반응에 피드백해 주고, 왜 그렇게 생각하는지 이야기 나누어 본다.
10. 역할놀이를 통하여 활동을 연습한다.
    10-1. 역할을 정한다.
    10-2. 활동을 수행하고 연습한다.
    10-3. 역할을 바꾸어 가며 활동을 연습한다.
11. 활동을 정리한다.

🌱 확대 활동

부엌에서

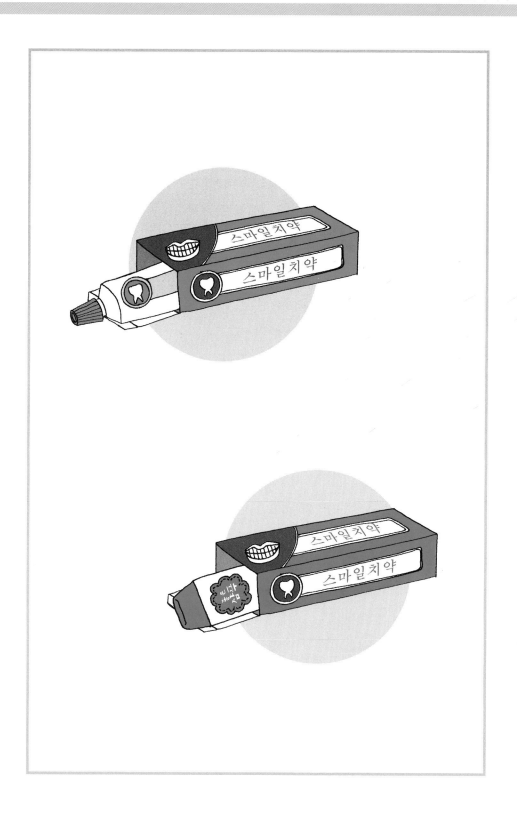

[활동 II-4-⑧] **학교에서**

🌱 활동명   학교에서

🌱 활동목표   1. 자신의 틀린 믿음을 이해하고 틀린 믿음에 근거한 자신의 행위
　　　　　　　를 생각해 볼 수 있다.

　　　　　　2. 다른 사람의 틀린 믿음을 이해할 수 있다.

　　　　　　3. 다른 사람의 틀린 믿음에 근거한 행위를 예측할 수 있다.

🌱 교수자료   노트, 필통, 기타 여러 가지 책

🌱 활동 과정 및 방법

1. 활동을 소개한다.

2. 교사와 교사를 보조하는 한 아동을 선정하여 학교에서 공부하는 동안의 에피소
　드를 역할극으로 시범 보인다.

　2-1. 아동과 교사가 수업을 진행하는 중에 아동이 글을 쓰기 위하여 필통을 연다.

　2-2. 필통 안에는 연필이 없고 수저가 들어 있다.

　2-3. 교사와 아동이 당황해한다.

　2-4. '필통 속에 연필이 없네. 왜 수저가 들어 있지? 누군가 장난했나 보네요.
　　　 나는 장난하는 모습을 보지 않았기 때문에 당연히 필통 속에 연필이 있다
　　　 고 생각했네요' 라고 이야기한다.

　2-5. 다른 새로운 아동이 등장한다.

　2-6. 새로운 아동에게 이 필통 안에 무엇이 들어 있다고 생각하는지를 질문한다.

　2-7. 새로운 아동은 연필과 지우개라고 답한다.

　2-8. 필통을 열어 보인다.

3. 아동들과 위의 상황에 대하여 이야기 나눈다.

4. 역할놀이를 통하여 활동을 연습한다.

　4-1. 역할을 정한다.

　4-2. 활동을 수행하고 연습한다.

　4-3. 역할을 바꾸어 가며 활동을 연습한다.

5. 활동을 정리한다.

🪴 확대 활동

내 방에 있는 내 물건

[활동 II-4-⑨] **내 초콜릿 상자**

🌱 활동명   내 초콜릿 상자
🌱 활동목표   1. 자신의 틀린 믿음을 이해하고 틀린 믿음에 근거한 자신의 행위
　　　　　　　를 생각해 볼 수 있다.
　　　　　　2. 다른 사람의 틀린 믿음을 이해할 수 있다.
　　　　　　3. 다른 사람의 틀린 믿음에 근거한 행위를 예측할 수 있다.
🌱 교수자료   초콜릿 상자, 안경

🌱 활동 과정 및 방법

1. 활동을 소개한다.
2. 교사와 교사를 보조하는 한 아동을 선정하여 에피소드를 역할극으로 시범 보
　인다.
　2-1. 엄마는 학교에서 돌아오는 혜수가 그림상을 받았다는 이야기를 듣고 아빠
　　　에게 전화를 한다.
　2-2. 엄마는 아빠에게 선물로 초콜릿을 사 오라고 부탁한다.
　2-3. 퇴근하시는 아빠는 혜수에게 초콜릿을 선물한다.
　2-4. 선물을 받고 즐거운 혜수는 초콜릿을 다 먹고 빈 상자에 안경을 넣어 둔다.
　2-5. 옆집 친구가 놀러 와서 초콜릿 상자를 보고 뚜껑을 연다.
　　　이때 옆집 친구는 상자 안에 무엇이 들어 있다고 생각할까에 대하여 질문
　　　하고 이야기를 나눈다.
　2-6. 상자 안에는 초콜릿이 아닌 안경이 들어 있다.
3. 다른 아동들에게 왜 옆집 친구가 초콜릿이 들어 있다고 생각했는지에 대하여 질
　문하고 이야기를 나눈다('사실은 초콜릿 상자 안에 안경이 들어 있지요? 그런데 옆집
　친구는 초콜릿 상자 안에 안경 넣는 것을 보지 않았기 때문에 당연히 초콜릿이 들어 있
　다고 생각하겠지요.').
4. 역할놀이를 통하여 활동을 연습한다.
　4-1. 역할을 정한다.
　4-2. 활동을 수행하고 연습한다.

4-3. 역할을 바꾸어 가며 활동을 연습한다.

5. 활동을 정리한다.

🌱 확대 활동

내 가방에는 무엇이 들어 있을까요?

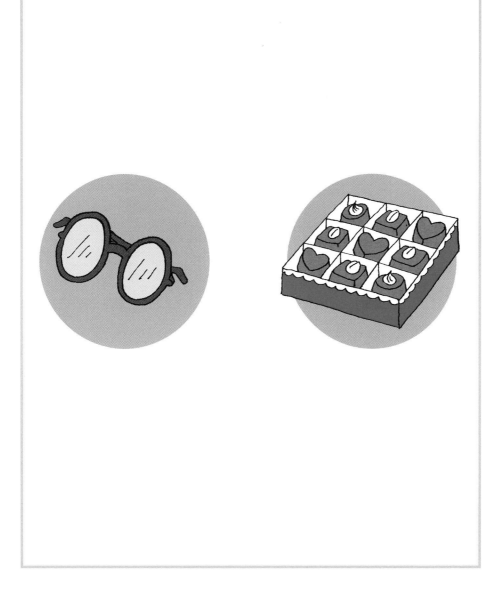

[활동 II-4-⑩]　**아빠의 옷**

🌱 활동명　　아빠의 옷

🌱 활동목표　1. 자신의 틀린 믿음을 이해하고 틀린 믿음에 근거한 자신의 행위
　　　　　　　를 생각해 볼 수 있다.

　　　　　　2. 다른 사람의 틀린 믿음을 이해할 수 있다.

　　　　　　3. 다른 사람의 틀린 믿음에 근거한 행위를 예측할 수 있다.

🌱 교수자료　아빠 인형, 엄마 인형, 인형 옷(겉옷), 옷장, 목욕탕, 탁자와 의자

🌱 활동 과정 및 방법

1. 오늘의 활동은 아빠의 옷 찾기임을 설명하고 활동을 시작한다.

2. 상황을 설정하고 교사와 보조교사가 활동 내용을 시범 보인다.

　2-1. 퇴근하고 집에 돌아오신 아빠는 겉옷을 탁자 앞 의자 위에 걸쳐 놓으신다.

　2-2. 아빠가 샤워를 하기 위하여 욕실에 들어간 사이 엄마는 아빠의 겉옷을 옷
　　　장에 넣어 두신다.

　2-3. 샤워를 하고 나오신 아빠가 휴대전화를 찾기 위하여 옷을 가지러 간다.
　　　이때 아빠는 어디로 옷을 가지러 갈 것인지 아동들에게 질문하고 이야기
　　　를 나눈다.

　2-4. 아동들의 반응에 적절한 피드백을 주고 왜 그리로 간다고 생각하는지에
　　　대하여 이야기를 나눈다.

3. 역할놀이를 통하여 활동을 연습한다.

　3-1. 역할을 정한다.

　3-2. 활동을 수행하고 연습한다.

　3-3. 역할을 바꾸어 가며 활동을 연습한다.

4. 활동을 정리한다.

🌱 확대 활동

아빠의 지갑

🌱 활동 시 상호작용의 예

교사 : 오늘은 퇴근하고 집에 오신 아빠가 옷을 의자 위에 벗어 두셨어요. 그런
        데 그사이에 무슨 일이 일어날까요?
        아빠는 어디에서 옷을 찾으실까요? 우리 한 번 생각해 봅시다.

아동 : 네.

교사 : 그러면 김 선생님과 박 선생님이 먼저 어떤 이야기인지 재미있게 들려
        주겠어요.
        아빠가 퇴근하고 집에 돌아오셨어요. 아빠는 옷을 벗어서 식탁 의자 위
        에 두셨지요(아빠 인형을 가지고 시범을 보인다.).
        그리고 아빠는 욕실에 샤워를 하러 들어가셨어요.
        이때 엄마가 아빠의 옷을 보시고는 양복을 옷장에 넣어 두셨어요.
        샤워를 하고 나오신 아빠는 옷 안에 넣어 둔 휴대전화를 찾기 위하여 옷
        을 찾고 계셨어요.
        아빠는 옷을 찾으러 어디로 가실까요?

아동 : 의자로요(혹은 장롱으로요.).

교사 : 그래요. 아빠는 의자로 먼저 가서 옷을 찾으시겠지요.
        그런데 왜 장롱으로 안 가고 의자로 갈까요?

아동 : 왜냐하면 아빠는 엄마가 옷을 옷장에 넣어 두는 것을 보지 못했으니까요.

교사 : 그래요…….

[활동 II-4-⑪] **엄마의 구두**

🌱 활동명　　엄마의 구두

🌱 활동목표　1. 자신의 틀린 믿음을 이해하고 틀린 믿음에 근거한 자신의 행위
　　　　　　　　를 생각해 볼 수 있다.
　　　　　　　2. 다른 사람의 틀린 믿음을 이해할 수 있다.
　　　　　　　3. 다른 사람의 틀린 믿음에 근거한 행위를 예측할 수 있다.

🌱 교수자료　엄마 인형, 언니 인형, 신발장, 베란다가 있는 인형집

🌱 활동 과정 및 방법

1. 오늘의 활동은 엄마의 구두 찾기임을 설명하고 활동을 시작한다.

2. 상황을 설정하고 교사와 보조교사가 활동 내용을 시범 보인다.

　2-1. 엄마가 외출하고 돌아오셔서 구두를 신발장 안에 넣어 두신다.

　2-2. 엄마가 화장실에 가신 사이 언니는 엄마의 구두를 베란다로 가져가서 신
　　　 어 보고는 베란다에 엄마의 구두를 두고 들어온다.

　2-3. 화장실에서 나오신 엄마는 전화를 받으시고는 다시 외출을 하시려 한다.

　2-4. 이때 엄마는 신발을 신으러 어디로 갈 것인지 아동들에게 질문한다.

　2-5. 아동들의 반응에 피드백을 주고 왜 그곳으로 간다고 생각하는지에 대하여
　　　 질문하고 다시 피드백을 준다.

　2-6. 시범을 마친다.

3. 역할놀이를 통하여 활동을 연습한다.

　3-1. 역할을 정한다.

　3-2. 활동을 수행하고 연습한다.

　3-3. 역할을 바꾸어 가며 활동을 연습한다.

4. 활동을 정리한다.

🌱 확대 활동

엄마 화장품

[활동 II-4-⑫] **할머니의 안경**

🌱 활동명　　할머니의 안경

🌱 활동목표　1. 자신의 틀린 믿음을 이해하고 틀린 믿음에 근거한 자신의 행위를 생각해 볼 수 있다.

　　　　　　2. 다른 사람의 틀린 믿음을 이해할 수 있다.

　　　　　　3. 다른 사람의 틀린 믿음에 근거한 행위를 예측할 수 있다.

🌱 교수자료　할머니 인형, 할아버지 인형, 텔레비전, 서랍장

🌱 활동 과정 및 방법

1. 오늘의 활동은 할머니께서 안경을 찾으시는 활동임을 설명하고 활동을 시작한다.

2. 상황을 설정하고 교사와 보조교사가 활동 내용을 시범 보인다.

　2-1. 할머니께서 외출하고 집에 들어오신다.

　2-2. 할머니는 안경을 벗어서 텔레비전 위에 놓아 두신다. 할머니가 옷을 갈아입기 위하여 안방으로 간 사이에 할아버지는 할머니의 안경을 서랍장 안에 넣어 두신다.

　2-3. 할머니가 옷을 갈아입고 나오셔서 안경을 찾으신다.

　2-4. 이때 할머니는 안경을 어디에서 찾을 것인지 아동들에게 질문한다.

　2-5. 아동들의 반응에 피드백을 주고 왜 그곳으로 간다고 생각하는지에 대하여 질문하고 다시 피드백을 준다.

　2-6. 시범을 마친다.

3. 역할놀이를 통하여 활동을 연습한다.

　3-1. 역할을 정한다.

　3-2. 활동을 수행하고 연습한다.

　3-3. 역할을 바꾸어 가며 활동을 연습한다.

4. 활동을 정리한다.

[활동 II-4-⑬] **할아버지의 지팡이**

🌱 활동명　　할아버지의 지팡이
🌱 활동목표　1. 자신의 틀린 믿음을 이해하고 틀린 믿음에 근거한 자신의 행위
　　　　　　　를 생각해 볼 수 있다.
　　　　　　2. 다른 사람의 틀린 믿음을 이해할 수 있다.
　　　　　　3. 다른 사람의 틀린 믿음에 근거한 행위를 예측할 수 있다.
🌱 교수자료　할머니 인형, 할아버지 인형, 신발장, 골프채 가방

🌱 활동 과정 및 방법
1. 오늘의 활동은 할아버지가 지팡이를 어디에서 찾으셔야 할지에 대하여 생각해
　보는 활동임을 설명하고 활동을 시작한다.
2. 상황을 설정하고 교사와 보조교사가 활동 내용을 시범 보인다.
　2-1. 할아버지께서 외출을 하고 집에 들어오신다.
　2-2. 할아버지는 지팡이를 골프채 가방 안에 넣어 두신다. 할아버지와 할머니
　　　께서 식사를 하신다.
　　　식사를 마친 후 할아버지가 주무시는 동안 할머니는 할아버지의 지팡이를
　　　골프채 가방에서 꺼내어 신발장 안에 넣어 두신다.
　2-3. 다음 날 아침 식사를 마친 할아버지는 외출 준비를 마치고 지팡이를 찾으
　　　신다.
　2-4. 이때 할아버지는 지팡이를 어디에서 찾을 것인지 아동들에게 질문한다.
　2-5. 아동들의 반응에 피드백을 주고 왜 그곳으로 간다고 생각하는지에 대하여
　　　질문하고 다시 피드백을 준다.
　2-6. 시범을 마친다.
3. 역할놀이를 통하여 활동을 연습한다.
　3-1. 역할을 정한다.
　3-2. 활동을 수행하고 연습한다.
　3-3. 역할을 바꾸어 가며 활동을 연습한다.
4. 활동을 정리한다.

🪴 확대 활동

할아버지 신문

[활동 II-4-⑭] **준혁이의 장난감 자동차**

🌱 활동명　　준혁이의 장난감 자동차
🌱 활동목표　1. 자신의 틀린 믿음을 이해하고 틀린 믿음에 근거한 자신의 행위
　　　　　　　　를 생각해 볼 수 있다.
　　　　　　　2. 다른 사람의 틀린 믿음을 이해할 수 있다.
　　　　　　　3. 다른 사람의 틀린 믿음에 근거한 행위를 예측할 수 있다.
🌱 교수자료　남자 인형 1(준혁), 남자 인형 2(주원), 장난감 자동차, 삼단 서랍장
　　　　　　　(1단: 빨간색, 2단: 노란색, 3단: 파란색)

🌱 활동 과정 및 방법

1. 오늘의 활동은 준혁이가 장난감을 어디에서 찾아야 할지에 대하여 생각해 보는
　활동임을 설명하고 활동을 시작한다.
2. 상황을 설정하고 교사와 보조교사가 활동 내용을 시범 보인다.
　2-1. 준혁이와 주원이가 자동차 놀이를 한다.
　2-2. 자동차 놀이를 하는 중에 엄마가 준혁이에게 심부름을 시킨다.
　　　 준혁이는 주원이에게 자동차 놀이를 잠시 멈추자고 제안한다. 준혁이는
　　　 엄마의 심부름을 하기 위하여 방을 나가기 전에 자동차를 노란 서랍에 넣
　　　 어 두고 나간다.
　2-3. 준혁이가 심부름을 간 사이 주원이는 노란 서랍에 넣어 둔 자동차를 꺼내
　　　 서 파란 서랍으로 옮겨 놓는다.
　2-4. 준혁이가 돌아온다. 이때 준혁이는 어떤 서랍에서 자동차를 찾을 것인지
　　　 아동들에게 질문한다.
　2-5. 아동들의 반응에 피드백을 주고 왜 그 서랍에서 찾으려 한다고 생각하는
　　　 지에 대하여 질문하고 다시 피드백을 준다.
　2-6. 시범을 마친다.
3. 역할놀이를 통하여 활동을 연습한다.
　3-1. 역할을 정한다.
　3-2. 활동을 수행하고 연습한다.

3-3. 역할을 바꾸어 가며 활동을 연습한다.

4. 활동을 정리한다.

🪴 확대 활동

준혁이 블록

[활동 II-4-⑮] **혜수와 세은이**

🌱 활동명　　혜수와 세은이
🌱 활동목표　1. 자신의 틀린 믿음을 이해하고 틀린 믿음에 근거한 자신의 행위
　　　　　　　　를 생각해 볼 수 있다.
　　　　　　　2. 다른 사람의 틀린 믿음을 이해할 수 있다.
　　　　　　　3. 다른 사람의 틀린 믿음에 근거한 행위를 예측할 수 있다.
🌱 교수자료　여자 인형 1(혜수), 여자 인형 2(세은), 작은 곰인형, 삼단 서랍장(1단:
　　　　　　　빨간색, 2단: 노란색, 3단: 파란색)

🌱 활동 과정 및 방법

1. 오늘의 활동은 혜수와 세은이가 작은 곰인형 놀이를 하는 활동임을 설명하고 활
　　동을 시작한다.
2. 상황을 설정하고 교사와 보조교사가 활동 내용을 시범 보인다.
　　2-1. 혜수와 세은이가 작은 곰인형 놀이를 한다.
　　2-2. 곰인형 놀이를 하다가 혜수는 주스를 가지러 부엌으로 가려고 한다. 혜수
　　　　는 세은이에게 곰인형 놀이를 잠시 멈추자고 제안한다. 혜수는 주스를 가
　　　　지러 부엌으로 가기 전에 곰인형을 빨간 서랍에 넣어 두고 나간다.
　　2-3. 혜수가 부엌으로 나간 사이 세은이는 빨간 서랍에 넣어 둔 곰인형을 꺼내
　　　　서 노란 서랍으로 옮겨 놓는다.
　　2-4. 혜수가 돌아온다. 이때 혜수는 어떤 서랍에서 곰인형을 찾을 것인지 아동
　　　　들에게 질문한다.
　　2-5. 아동들의 반응에 피드백을 주고 왜 그 서랍에서 곰인형을 찾으려 한다고
　　　　생각하는지에 대하여 질문하고 다시 피드백을 준다.
　　2-6. 시범을 마친다.
3. 역할놀이를 통하여 활동을 연습한다.
　　3-1. 역할을 정한다.
　　3-2. 활동을 수행하고 연습한다.
　　3-3. 역할을 바꾸어 가며 활동을 연습한다.

4. 활동을 정리한다.

🌱 확대 활동

혜수와 세은이가 학교에서

[활동 II-4-⑯] **내가 꾸민 이야기 (1) 우리 가족**

🌱 활동명　　내가 꾸민 이야기 (1) 우리 가족

🌱 활동목표　1. 자신의 틀린 믿음을 이해하고 틀린 믿음에 근거한 자신의 행위
　　　　　　　　를 생각해 볼 수 있다.

　　　　　　　2. 다른 사람의 틀린 믿음을 이해할 수 있다.

　　　　　　　3. 다른 사람의 틀린 믿음에 근거한 행위를 예측할 수 있다.

🌱 교수자료　가족 인형, 집 안에 있는 다양한 소품들(가구, 전자제품 등)

🌱 활동 과정 및 방법

1. 오늘의 활동은 스스로 이야기를 구성하는 활동임을 설명하고 활동을 시작한다.

2. 특별히 오늘의 활동은 가족들의 이야기를 중심으로 구성하도록 한다.

3. 교사와 보조교사가 그동안의 활동을 중심으로 이야기 구성의 시범을 보인다.

4. 한 아동씩 차례로 이야기를 구성해 보도록 한다.

　　4-1. 이야기 구성을 전혀 못하는 경우 교사가 먼저 이야기의 단서를 제공하거
　　　　 나 소재를 제공한다(예: 아빠의 열쇠 이야기, 잃어버린 내 사탕).

　　4-2. 이야기를 진행하다가 지속하지 못하는 경우도 적절한 도움을 제공한다.

　　4-3. 한 아동이 이야기 구성을 마치면 다른 아동이 차례로 진행하도록 한다.
　　　　 ＊필요한 경우 아동들의 이야기 내용을 화이트보드나 전지에 정리한다.

5. 4의 에피소드들 중에서 적절한 것을 1~2개 선정하여 다시 정리해 주고 역할놀
　　이를 통하여 연습하도록 한다.

　　5-1. 역할을 정한다.

　　5-2. 활동을 수행하고 연습한다.

　　5-3. 역할을 바꾸어 가며 활동을 연습한다.

6. 활동을 정리한다.

🌱 확대 활동

내가 꾸민 이야기: 내 동생

[활동 II-4-⑰]　내가 꾸민 이야기 (2) 내 친구

🌱 **활동명**　내가 꾸민 이야기 (2) 내 친구

🌱 **활동목표**　1. 자신의 틀린 믿음을 이해하고 틀린 믿음에 근거한 자신의 행위
　　　　　　　　를 생각해 볼 수 있다.

　　　　　　　2. 다른 사람의 틀린 믿음을 이해할 수 있다.

　　　　　　　3. 다른 사람의 틀린 믿음에 근거한 행위를 예측할 수 있다.

🌱 **교수자료**　다양한 아동 인형들, 학교 관련 소품들

🌱 **활동 과정 및 방법**

1. 오늘의 활동은 스스로 이야기를 구성하는 활동임을 설명하고 활동을 시작한다.

2. 특별히 오늘의 활동은 친구들의 이야기를 중심으로 구성하도록 한다.

3. 교사와 보조교사가 그동안의 활동을 중심으로 이야기 구성의 시범을 보인다.

4. 한 아동씩 차례로 이야기를 구성해 보도록 한다.

　4-1. 이야기 구성을 전혀 못하는 경우 교사가 먼저 이야기의 단서를 제공하거
　　　나 소재를 제공한다(예: 잃어버린 내 연필).

　4-2. 이야기를 진행하다가 지속하지 못하는 경우도 적절한 도움을 제공한다.

　4-3. 한 아동이 이야기 구성을 마치면 다른 아동이 차례로 진행하도록 한다.

　　　＊필요한 경우 아동들의 이야기 내용을 화이트보드나 전지에 정리한다.

5. 4의 에피소드들 중 적절한 것을 1~2개 선정하여 다시 정리해 주고 역할놀이를
　통하여 연습하도록 한다.

　5-1. 역할을 정한다.

　5-2. 활동을 수행하고 연습한다.

　5-3. 역할을 바꾸어 가며 활동을 연습한다.

6. 활동을 정리한다.

🌱 **확대 활동**

내가 꾸민 이야기: 우리 형

[활동 II-4-⑱] **이제 다른 사람의 마음이나 생각을 알 수 있어요**

🌱 활동명   이제 다른 사람의 마음이나 생각을 알 수 있어요.

🌱 활동목표   1. 다른 사람의 생각이나 마음을 이해할 수 있다.

2. 다른 사람의 옳은 믿음을 이해하고 이에 근거하여 다른 사람의 행위를 예측할 수 있다.

3. 다른 사람의 틀린 믿음을 이해하고 이에 근거하여 다른 사람의 행위를 예측할 수 있다.

🌱 교수자료   • 그림 카드(앞면과 뒷면에 각각 다른 그림이 제시된 그림 카드 및 각각 다르게 붙여진 그림 카드)

• 커다란 집, 다양한 가구 및 소품들

🌱 활동 과정 및 방법

1. 다른 사람의 생각을 이해하기 위한 그동안의 활동을 정리하는 시간임을 알려 주고 활동을 시작한다.

2. 그동안 진행했던 여러 가지 상황 중 한 가지를 선택해서 직접 활동을 꾸며 보도록 한다.

3. 서로 역할을 정하고 역할놀이를 할 수 있도록 격려한다.

4. 사람들의 생각이 왜 나와 다른지, 이야기해 보도록 한다.

5. 활동을 정리한다.

🌱 확대 활동

다른 사람의 마음을 그려 봐요.

찾아보기

저자 소개

박현옥

이화여자대학교 특수교육과 졸업
이화여자대학교 대학원 석사 및 박사 학위(특수교육학 전공)
이화여대 발달장애아동센터 연구원
현 백석대학교 유아특수교육과 교수

〈주요 저서 및 역서〉
나의 학교 이야기: 발달장애아동의 사회적 기술 향상을 위한 상황이야기
　(파라다이스복지재단, 2005)
자폐증개론(역, 시그마프레스, 2005)
장애 학생을 위한 개별화 행동지원: 긍정적 행동지원의 계획 및 실행(공역, 학지사, 2008)
교육진단 및 교수계획을 위한 장애 유아 진단 및 평가(공저, 학지사, 2009)
아스퍼거 증후군(공역, 시그마프레스, 2010)
특수교육개론(공저, 학지사, 2010) 외 다수

자폐아동을 위한
마음이해 향상 프로그램

2011년 8월 30일 1판 1쇄 발행
2025년 3월 25일 1판 2쇄 발행

지은이 • 박현옥
펴낸이 • 김진환
펴낸곳 • (주) **학지사**
　　　　121-837 서울시 마포구 서교동 352-29 마인드월드빌딩 5층
대표전화 • (02)330-5114 팩스 (02)324-2345
등록번호 • 제313-2006-000265호
홈페이지 • www.hakjisa.co.kr
인스타그램 • https://www.instagram.com/hakjisabook

ISBN 978-89-6330-651-3 93370
정가 15,000원

저자와의 협약으로 인지는 생략합니다.
파본은 구입처에서 교환해 드립니다.

이 책을 무단 전재 또는 복제 행위 시 저작권법에 따라 처벌을 받게 됩니다.

출판미디어기업 **학지사**
간호보건의학출판 **학지사메디컬** www.hakjisamd.co.kr
심리검사연구소 **인싸이트** www.inpsyt.co.kr
학술논문서비스 **뉴논문** www.newnonmun.com
교육연수원 **카운피아** www.counpia.com
대학교재전자책플랫폼 **캠퍼스북** www.campusbook.co.kr